RICHARD SEEWALD

1889 – 1976

EINE WERKAUSWAHL

mit zeitgenössischen Würdigungen
und Zitaten aus Büchern
von Richard Seewald

Einleitende Monographie
von Anton Sailer

Verlag Karl Thiemig München

Dieses Werk ist im Auftrag der Schweizer
STIFTUNG PRO HELVETIA entstanden

© 1977 Verlag Karl Thiemig, München
ISBN 3-521-04082-8
Gesamtherstellung: Karl Thiemig,
Graphische Kunstanstalt und Buchdruckerei AG, München
Printed in Germany
Alle Rechte der Verbreitung,
auch durch Film, Funk, Fernsehen,
fotomechanische Wiedergabe und auszugsweisen Nachdruck,
nur mit Genehmigung des Verlages

Schutzumschlag: »Zypern«. Vierfarbiger Linolschnitt von Richard Seewald. 1975

Selbstporträt, 1912. Holzschnitt

Das Eigentümliche seiner Kunst
ist die absolute Unmittelbarkeit seiner
Beziehung zu den Dingen…
Er ist ein Moderner außerhalb der Kategorie –
darum ein sehr Moderner…

Wilhelm Hausenstein

Die Katze. Federzeichnung. 1974. Aus dem »Orbis Pictus«

Inhalt

Richard Seewald
Sein Werk, sein Leben

Mensch und Werk sind nicht zu trennen.

Der Zeichner, Maler und Erzähler Richard Seewald fließen in eins zusammen. Alles, was er gibt, ist von vollendeter handwerklicher Disziplin, alles wird in seinem Ursprung vom Geistigen her bestimmt. Weltschau und Glaube, Sinnenfreude und Phantasie vereinen sich zu vielfältigen Aussagen und sind von einer inneren Harmonie durchpulst, die von der Kompromißlosigkeit genährt wird, mit der Seewald seinen Weg gegangen ist.

Halbheiten abhold, ist bei jedem Tun, bei jedem bildnerischen und schreibenden Prozeß der ganze Seewald daran beteiligt — und so wäre es müßig, nach einem »Geheimnis« zu forschen. Hier teilt ein Mensch mit, was ihm vom Sehen und vom Sinnen her zu sagen aufgegeben ist . . . und der tiefe Ernst, der ihn dabei bewegt, ist ihm eine Lust.

Damit haben wir einen Schlüssel zu seinem Künstlertum. Und wenn es ein »Geheimnis« gibt, von dem er begleitet wird, beruht es darin, daß er von Anbeginn die Kraft besaß, sich nicht zu verlieren. Kunst- und Geistesgeschichte sind gesäumt von Namen und Begabungen, die zu glanzvollen Entfaltungen befähigt waren und nach vielversprechendsten Anfängen zurück ins Dunkel fielen, im Überschwang an sich selbst zerbrechend. Andere wieder schlugen Irrwege ein, verrannten sich oder wurden irregeleitet. Zahllos und differenziert sind die Gründe für ein Scheitern aufgrund äußerer Umstände oder eigenen Versagens.

Jedenfalls: Talent allein tut es nicht.

»Genie ist Fleiß« — sagte ein Genie, nämlich Adolph Menzel. Vielleicht sagen wir allgemein: der Künstler habe ein Besessener zu sein, besessen von der Idee, der er sein Schaffen unterstellt hat.

In diesem Sinne ist Seewald »ein Besessener«.

Bei der Schilderung von Richard Seewalds Lebensweg sollen bestimmte Etappen und Ereignisse, die für seine Persönlichkeit und künstlerische Entwicklung von entscheidender Bedeutung sind, hervorgehoben sein. Von Menschen und Begegnungen, die ihn — in welcher Weise auch immer — mitgeformt haben, sei ebenso berichtet wie über Zeitläufe, die zwar heute nur mehr Legende sind, die Seewald aber miterlebt und sowenig vergessen hat wie seine Kindheit. (Eine Fotografie des Dreijährigen zeigt ein kleines Gesicht, das nur aus zwei großen Augen und zwei großen Ohren zu bestehen scheint. Das Bild eines, der entschlossen ist, alles zu sehen und alles zu hören.)

Seewalds Kindheit bereits führt mitten hinein ins Gehäuse seiner Natur, seines Wesens, in dem sich Naivität und Verstand, Besinnlichkeit und Arbeitskraft, Phantastik und Klarheit, Traum und Wirklichkeit mischen.

Alles war von Anbeginn in ihm. Keimte, wuchs, schuf sich eine eigene, durchaus reale Welt, in der er mit Selbstverständlichkeit wohnte.

Jugend und frühe Reife

Pommersche Landschaft

bewußt erlebend, gewissermaßen sich selber dabei beobachtend, wuchs er auf. Nicht sich absondernd, und doch bereits in der Rolle eines Einzelgängers.

Richard Seewald wurde am 4. Mai 1889 in Arnswalde, einer kleinen neumärkischen Kreisstadt in Pommern, geboren. Sein Vater, Sohn eines Försters in Masuren, absolvierte in Gumbinnen das Gymnasium und bereitete sich in Bonn auf den Beruf eines Geometers vor. Nach dem Examen aber ging er nach Berlin, um eine damals neue wissenschaftliche Methode zu erlernen, landwirtschaftlichen Boden zu verbessern. Ein kulturtechnisches Institut, das erste in Preußen überhaupt, bildete ihn aus und schickte ihn in die Neumark, um dort Güter zu meliorieren. Der augenfällige Erfolg war so groß, daß Gutsbesitzer und Landwirte ihm rieten, doch in ihrer Mitte, in Arnswalde, das Geschäft selbständig weiterzuführen. Das tat er und wurde als Spezialist für die Trockenlegung von Mooren schließlich mit staatlichen Großaufträgen (unter anderen mit der Urbarmachung des Oderbruchs) bedacht, die ihm wiederum Aufgaben in Rußland und Dänemark eintrugen. So wurde der Kulturingenieur Seewald ein angesehener und sehr wohlhabender Mann, der sich ein großbürgerliches Heim erbaute und seine Jugendliebe aus Gumbinnen heiratete, die ihm eine Tochter und zwei Söhne gebar. Richard war zwölf Jahre lang der Jüngste, dann kam noch ein Bruder dazu. Die Ehe war glücklich. Der Vater, von zu Hause aus Katholik, aber durch seine Heirat seiner Religion entfremdet, trat schließlich aus der Kirche aus. Die Mutter, der Abstammung nach Schweizerin, war protestantischen Glaubens, in dem sie auch ihre Kinder erzog.

Doch mischten sich in Seewald nicht nur zwei Konfessionen. Die Mutter seines Vaters war Polin. Die Mutter seiner aus Glarus stammenden Mutter eine Salzburgerin. Sein Urgroßvater war Schulze eines Dorfes in Oberschlesien und die Familie, wie der Name schon vermuten läßt, sicher ursprünglich beheimatet im Bayerischen, im Tyrolischen oder in Kärnten, wo dieser Name häufig auftritt . . . und wie Seewald betont, ist »diese Mischung für seine geistige Entwicklung von großer Bedeutung gewesen«.

Stralsund

Starke visuelle Eindrücke empfing der kleine Richard von einem kaiserlichen Familienbild — das im Kinderzimmer ausgerechnet über dem Waschtisch hing — und von durchziehenden, zigeunerhaften Schaustellerwagen, die bis zum Boden herab mit schaurigen Moritatenbildern behängt waren. Unerreichbarer Hohenzollernglanz und blutige Mordszenen unter dröhnenden Leierkastentönen . . . diese beiden Extreme führten seine Phantasie in bizarre, endlos ausgesponnene Träume.

»Beinahe-Träume«, wie Seewald sie nennt — Wachträume also —, wurden in der Folgezeit von ihm leidenschaftlich weitergesponnen, und da er so gut wie alle Kinderkrankheiten durchlaufen mußte, ergaben sich genügend Gelegenheiten dazu. Jedesmal wäre er gerne noch länger krank geblieben. Einmal aber zog er sich durch einen Sturz von einem Milchwagen eine Gehirnerschütterung zu — und was dann mit ihm geschah, beschreibt er mit den Worten:

»Man trug mich die Stufen hinauf ins Haus. Ich entsinne mich des Aufgehobenwerdens ganz deutlich, und ewiglich werde ich mich der Blumentapete unseres Kinderzimmers erinnern, in deren Ranken ich mich damals delirierend

Arnswalde, 1910

Gezeichnet hat Seewald ab früher Kindheit.
Immerzu wollte er alles, was er sah, »abbilden«.
Viel Anregung bot ihm seine nächste Umgebung
allerdings nicht, und so war es ganz natürlich, daß
ihn die bunten Reklamekarten, die »Liebig's
Fleischextrakt« beilagen, faszinierten. Bemerkens-
wert aber bleibt sein Einfall, Silhouetten, die er aus
den Umschlägen seiner Schulhefte schnitt, zu
Klebebildern mit verblüffend statischer Komposition zusammenzufügen.

11

verlief. Mir will es manchmal scheinen, daß ich vielleicht niemals ganz aus ihnen zurückgekommen bin.«

Das ist keine poetische Betrachtung mehr, das ist ein exakt klinischer Befund, der auch sein vieles Wachträumen im Krankenbett als eine unterschwellig-entscheidende geistige Vorbereitung zu der Robinsonade seines Lebens erkennen läßt. Und nebenbei bemerkt, findet Seewald in seinen Büchern und persönlichen Erinnerungen zu Aussagen, die bestimmte Seiten seines vielschichtigen Wesens derart erhellen, daß sie zitiert sein wollen — was auch geschehen wird. Bei all seiner Sensibilität läßt sich aber nicht von einem scheuen oder gehorsam-braven Knaben sprechen, vielmehr machte er dem Beinamen »Wirbelarsch«, den ihm seine alte Kinderfrau gegeben hatte, alle Ehre. So verliefen auch die Sommerferien im Landhaus der Familie auf Zülichswerder — das von drei kleinen Seen eingeschlossen war — mit aufregenden Indianerspielen, mit sachkundigem Legen von Fischreusen und Krebsfang. Richard liebte von klein auf derart das Wasser, daß er bei der ersten Begegnung einfach hineinsprang und beinahe ertrunken wäre. Unversehens wurde dann aus dem Knabenparadies voll lärmender Abenteuer ein unruhvolles Warten auf die Zukunft, als im Sommerglast die Versuchungen Pans sich nahten und ein Schafhirte mit der eindringlichen Frage sich zu ihm setzte: »Du! Wo baden am Abend eure Mädchen?«

Sichtbares Zeichen eines Hineinwachsens ins Leben war jedoch die Übersiedlung der beiden Brüder in eine Stettiner Pension, zwecks Besuches des Realgymnasiums.

Paros

Die Boote von Santa Margherita

Der Vater: Kulturingenieur, Kreiswegebaumeister, Stadtverordneter, Träger des Roten Adlerordens, Mitglied der konservativen Partei — mit einem Wort eine Zierde der gehobenen Gesellschaftsschicht des Städtchens Arnswalde, ließ selbstverständlich seine Söhne studieren, und der ältere sollte ganz seinem Herzen entsprechen. Als Primus alle Klassen durchlaufend, sein Examen als Diplomingenieur glänzend bestehend und Leutnant bei den Ulanen — auf so einen Sohn konnte man stolz sein.

12

Das Fenster

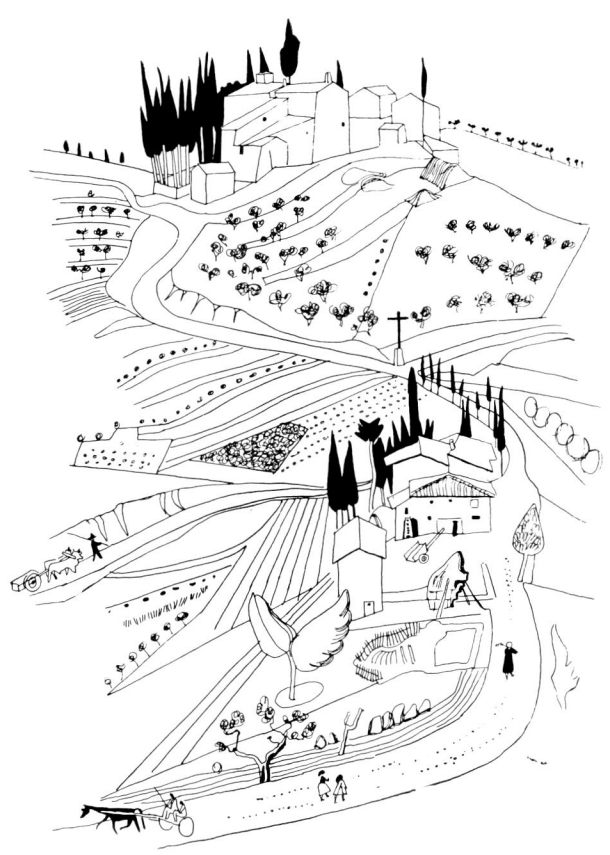

Dorf bei Siena

Leider zeigte Richard keine Lust, dem leuchtenden Vorbild nachzueifern. Was im Unterricht gelehrt wurde, nahm er zwar spielend auf, aber statt abends zu büffeln, beteiligte er sich an nächtlichen Kneipgelagen, bei denen Klassenkameraden vorstudentischen Unfug trieben . . . und blieb in der Untersekunda sitzen. Und wenn er auch in Deutsch und Geschichte nicht zu schlagen war, im Übersetzen aus dem Lateinischen brillierte und im übrigen ein leidenschaftlicher Kritzler und Zeichner war (niemand zu Hause wußte, »woher« er das hatte) . . . das Sitzenbleiben blieb ihm nicht erspart.

Mit Ach und Krach später in die Unterprima versetzt, bekam er ein Zeugnis, in dem der Vermerk stand: »Verläßt die Schule, um Kunstmaler zu werden.« Das war ein Wink mit dem Zaunpfahl, hatte er doch für die Kneipzeitung der Abiturienten unbeliebte Lehrer karikiert.

Aber darauf ging der Vater nicht ein. Er forderte kategorisch das Abiturientenexamen und schickte ihn dafür auf das Realgymnasium von Stralsund. Auch dort machte Seewald noch einmal bei der Vorwegnahme studentischen Lebens mit, doch er hatte eigentlich nicht Bier und Komment gesucht und trennte sich bald von dieser »geheimen Schülerverbindung«. Dies Wort nämlich hatte ihn allein verführt.

Das war sein erstes, bewußtes »Beiseite-Treten«. Sein erstes Nicht-mehr-mit-machen-Wollen bei einer Sache, die ihm mißfiel. Diese Reaktion sollte sich in seinem Leben noch oft wiederholen, und jedesmal wurde sie ohne Rücksicht auf mögliche negative Folgen kompromißlos in die Tat umgesetzt.

Im vorliegenden Fall ging er als Verfemter anderthalb Jahre lang während der Pausen einsam im Schulhof herum.

Andernteils wurde er durch die Bekanntschaft mit einem Stralsunder Journalisten entschädigt, dem seine Lesewut gefiel und der ihn in die zeitgenössische Literatur einführte. Er nahm Seewald auch oft am Wochenende nach Hiddensee zu dem Maler Oskar Kruse mit, der ständig Gäste aus dem Berliner Kunstleben hatte. Bei ihm fand Seewald genau das Milieu, von dem er träumte — und er durfte seinen Namen auf eine Tischdecke schreiben, der gleich denen berühmter Künstler dann in sie eingestickt wurde . . . »weil ja«, wie Kruse verkündete, »unser junger Freund ganz bestimmt auch ein großer Maler würde!«.

Seine Nächte aber verbrachte Seewald lesend: Petrarca, Schopenhauer, Haeckels »Welträtsel«, Edgar Allan Poe, Oscar Wilde. Alles, was ihm erreichbar war, wurde verschlungen. Außerdem machte er symbolische Zeichnungen, und eine davon nahm sein Zeichenlehrer in eine kleine Ausstellung im Treppenhaus der Schule auf. Das Blatt zeigte eine nackte Frau, die auf einem Rind durch eine blühende Wiese ritt, und dazu schrieb Seewald die (in Anlehnung an Rilke und Hofmannsthal) selbstgedichtete Zeile: »Wenn über den Gärten der Mittag steht.« Dafür bekam er vom Schuldirektor einen strengen Verweis, und als die geheime Schülerverbindung entdeckt wurde, verdächtigte er ihn, »dieses Gift« in die Anstalt gebracht zu haben.

Immerhin gelang es Seewald, das Abitur zu machen, und wie in Stettin schloß sein Zeugnis mit dem Vermerk: »Er verläßt die Anstalt, um Kunstmaler zu werden.«

Den »Kunstmaler« lehnte der Vater schroff ab, gab jedoch die Erlaubnis für München unter der Bedingung, auf der Technischen Hochschule Architektur zu studieren.

Noch nicht zwanzigjährig, kommt Richard Seewald im Jahre 1909 nach München — in jene Stadt, die um diese Zeit in der ganzen Welt als »Mekka der

Künste« gilt und es auch einstweilen für weitere lange Jahre sogar wirklich ist. Ihre Einwohner, in der stattlichen Höhe von 585 000, sehen ziemlich verdrossen auf die steigende Zahl von Fremdlingen, haben sich jedoch daran gewöhnt, Bürger einer »Kunststadt« zu sein, und sind sogar stolz darauf. Auch an die vielen Künstler und Kunststudierenden haben sie sich gewöhnt. International zusammengewürfelt, kommen sie in ihrer Mehrzahl aus Rußland und vom Balkan, und so füllen sich die Straßen Schwabings vor allem mit Slawen. Weil man jedoch nie so recht weiß, wovon das ganze Bohemevolk eigentlich lebt, wird es von den Münchnern mit dem Sammelbegriff »Schlawiner« bedacht.

Das ist nicht abfällig gemeint, und es steckt sogar ein gewisser Respekt dahinter, wird doch im Grunde damit der Begriff »Lebenskünstler« umrissen. Es hat auch niemand etwas dagegen, daß diese verkannten und kommenden Genies stundenlang im Kaffeehaus sitzen. Hunderte sitzen mit derselben Ausdauer im Hofbräuhaus — nur daß hinter den Maßkrügen keine Schlawiner, sondern solide, achtbare Bürger hocken, die weder malen noch schreiben wollen.

Seewald wird später beides tun, einstweilen aber weiß er das noch nicht. Im übrigen unterscheidet er sich mit seinem Äußeren deutlich von dem ganzen Gewimmel. Ein eleganter junger Herr, fast ein Snob, tritt in das ungewohnte Leben und Treiben der Boheme, und es gefällt ihm. Vorerst hat er sich in der Adalbertstraße ein Parterrezimmer gemietet und an der Technischen Hochschule immatrikuliert.

Schon die ersten Vorlesungen enttäuschen ihn zutiefst. Irgendwie hatte er eine Art »Studium generale« erwartet, nämlich »die Belehrung, was eigentlich Philosophie sei, wie sie sich zur Religion und zu den Wissenschaften verhielte und was sie uns lehre, um ein echtes Leben zu führen . . .«.

Statt dessen wurde über vergleichende Stilformen doziert und dergleichen mehr — und allmählich dämmerte es ihm, daß es naiv gewesen war zu erwarten, auf einer technischen Hochschule in die Urgründe der Weisheit eingeführt zu werden.

Ohne Zögern gab er sein Studium einfach auf, seine Studentenbude dazu und mietete sich ein kleines leeres Atelier, das er mit einem Tisch, einem Stuhl, einer Chaiselongue und einer Staffelei möblierte. So war auch eine äußere Dokumentation dafür geschaffen, daß er »seinen Rubikon überschritten hatte«.

Dieser war für ihn gewissermaßen die Schwingtüre des Schwabinger Cafés »Stephanie«, das unter der Bezeichnung »Café Größenwahn« weltweiten Ruf genoß. Von nun an saß er inmitten jener internationalen Boheme, aus der so viele berühmte Namen hervorgegangen sind.

Um ein Maler zu werden, dafür war der Weg jetzt frei, und daß er nur über ein Studium an der Münchner Akademie der bildenden Künste gehen konnte, das hatte ihm schon in Stralsund sein Zeichenlehrer gesagt, der viel von Seewalds Talent erwartete und ihm sogar eine Empfehlung an den Historienmaler Professor Wilhelm Dietz mitgegeben hatte. — Aber war es nicht besser, gleich zu dem berühmten Franz von Stuck zu gehen?

Stuck stand im Zenit seines Ruhms. Nach Lenbachs Tod im Jahre 1902 hatte er endgültig dessen Nachfolge als unbestrittener Münchner Malerfürst angetreten. 1906 geadelt, wurde er Porträtist des Hochadels und mit seinen sinnlich-pathetischen Bildern zum Repräsentanten des offiziellen Kunstgeschmacks. Die Anziehungskraft, die München als Kunststadt in die ganze

Ziegen im Tessin

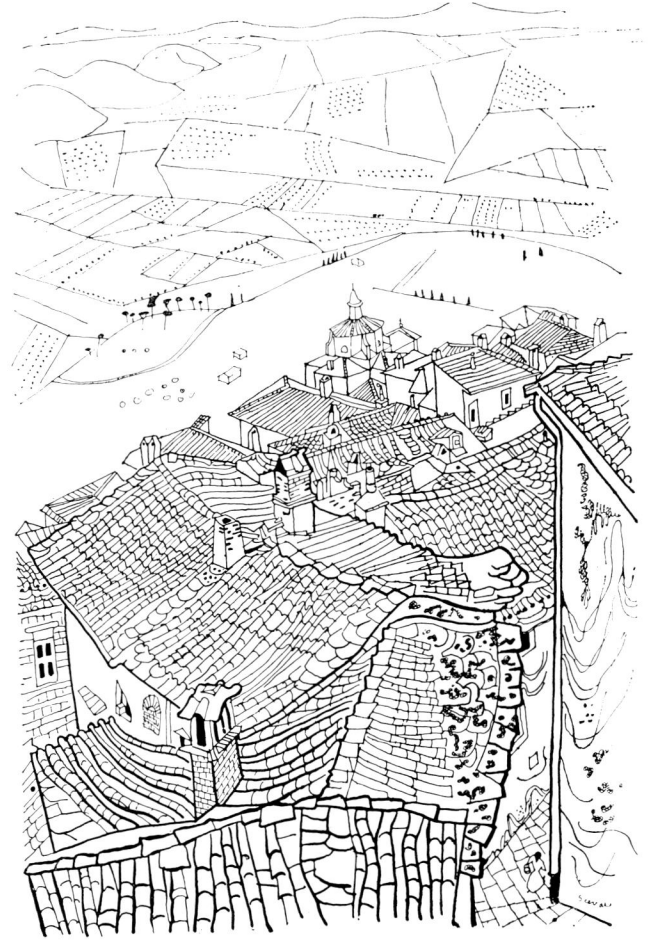

Die Dächer von Cortona

14

Widder

Am Kamin

Welt hinausstrahlte, war wesentlich ihm zu verdanken. Bei ihm zu studieren galt als Garantie für den eigenen Erfolg.

Grundsätzlich mußte man, um in die Akademie aufgenommen zu werden, einen lebensgroßen Akt und ein ebensolches Porträt zeichnen können. Also sah sich auch Seewald unter den vielen Malschulen Münchens nach einem guten Lehrer um und fand ihn in einem Russen namens Magidei, der in Moskau Schüler Ilja Repins, des bedeutendsten Vertreters des russischen Realismus, gewesen war. Ein Hauptwerk Repins, »Heimkehr aus Sibirien«, war mit Reproduktionen in ganz Europa bekannt geworden. Seewald hatte es schon während seiner Kindheit gesehen, und es hing auch über dem Schreibtisch Magideis. In der Tat fand er in ihm einen vorzüglichen Lehrer, der auf die Wiedergabe der klassischen Position eines stehenden nackten Körpers — Standbein, Spielbein — größten Wert legte. Daß sich dabei das Gewicht des Körpers auf das Standbein verlagert, das zu sehen und zeichnerisch wiederzugeben nannte Magidei »einen Akt auf die Beine zu stellen«, und Seewald erfaßte dieses »anatomische Geheimnis« so rasch und gut, daß Magidei entzückt war — während sein Schüler sich immer mehr zu langweilen begann: vormittags Aktzeichnen, nachmittags Kopfzeichnen, abends Abendaktzeichnen.

Dazu war ringsum alles grau. Atelierwände und Fußboden waren grau, das Licht durch das Nordfenster war grau und färbte auch die Schatten auf dem nackten Modell auf dem grauen Podium grau — und die Kohlezeichnungen der Schüler auf grauem Packpapier wurden ebenfalls grau. Die weiblichen unter ihnen mußten in Demut den Spottnamen »Malweiber« auf sich nehmen. Aber sie waren »emanzipiert«, trugen ihre Haare zu Schneckerln gedreht über den Ohren und unter langen Reformkleidern keine Korsetts.

Natürlich waren viele aus dem fernen Rußland in das Mekka am grünen Isarstrand angereist, und so ergab sich ganz von selber, daß Seewald immer mehr Russen kennenlernte: Maler, Studenten und Schriftsteller, mit denen er zahllose Tassen Tee trank, russische Lieder singen lernte, eine Zigarette nach der anderen drehte, nächtelang debattierte oder im »Schellingsalon« (den es heute noch gibt) »Chemin de fer« spielte, um regelmäßig dabei zu verlieren.

Und es kam ein Abend, an dem er mit einer ganzen Korona einen Russen, der nach Paris reiste, zum Hauptbahnhof begleitete. Alle sprachen Russisch, alle umarmten und küßten sich, und wenn sie auch ihn dabei nicht vergaßen, nahm er doch als Außenstehender die Szene samt ihrem Dekor derart überdeutlich in sich auf, daß sie ihm für immer gegenwärtig blieb:

Da ist ein Dunst von Maschinenöl, Kohlenrauch und Wasserdampf, der von Zeit zu Zeit alles in einer weißen Wolke verschwinden läßt. Dann tauchen wieder schwätzende, gerührte, erregte Gesichter im grellen Licht der Bogenlampen auf, am Waggon verkündet eine Tafel: MÜNCHEN—STRASSBURG—PARIS . . . der Zug rollt an, Schreie fliegen zu Menschen, die sich aus heruntergelassenen Fenstern beugen, Hände winken, Taschentücher wehen, und in diesem leicht beklemmenden kleinen Drama eines Abschiednehmens steht Richard Seewald, der plötzlich mit letzter Klarheit weiß, daß er einer Stadt in Pommern, in der er geboren wurde und aufwuchs, in der sein Vaterhaus steht, er Eltern und Geschwister hat . . . daß er dem allem für immer entlaufen ist.

Es war nur ein Augenblick, in dem das Wissen darum in ihn hineinfiel, aber vergessen konnte er ihn nie.

Bald darauf entlief Seewald auch der Magidei-Schule, und nach einem gründlichen Umsehen in der Kunstszenerie mit ihrem Zentralpunkt »Glaspalast«,

15

Straße auf Naxos

dem lokalen Weihetempel aller Malerei, verspürte er nur mehr Überdruß. Noch war seine Ablehnung nur vom Gefühl her bestimmt — aber stark genug, um seine ursprüngliche Absicht, auf der Akademie bei Stuck zu lernen, nicht weiter zu verfolgen.

Doch gab es dafür noch andere Gründe: Seewald hatte seit langer Zeit im »Café Größenwahn« ein junges Mädchen von seltsamer Anmut bewundert, das stets mit Lotte Pritzel (die durch ihre grazilen, in Spitzen und Seide gekleideten wächsernen Puppen berühmt wurde) zusammensaß.

Er wußte von ihr nur, daß sie »Uli« hieß, und eine Ahnung sagte ihm, daß sie für ihn bestimmt war. Glücklicherweise gibt es in München für Fälle solcher Art den Fasching, und 1910, als Kathi Kobus, die Wirtin der Simplicissimus-kneipe, zu ihrem Fest im Ballhaus »Blüte« rief, lernte Seewald die Anmutige kennen. Die gegenseitige Zuneigung war so groß, so tief, daß sie erst nach 56 Jahren mit dem Tod seiner Frau ihr Ende finden sollte.

Er sagt von ihr: »Ihre Weisheit wohnte nicht im Verstand, sondern in ihrem alles verstehenden Herzen.«

Wenige Wochen nach dem Fasching von 1910 fuhr Seewald mit seiner Uli nach Ascona.

Ihr Ziel war ein kleines Dorf am Ufer des Lago Maggiore, in dem Fischer und Bauern wohnten und das Leben sagenhaft billig war. Sie kamen aber auch in ein Dorf, das nach der Jahrhundertwende merkwürdige Lebensreformer angezogen hatte, zu denen Theosophen und Anthroposophen, Spiritisten und Okkultisten, Wirrköpfe und Geschäftemacher stießen. Wer ahnungslos kam, stand wie betäubt vor all den Lehren, die auf ihn einprasselten und die vom »Vegetabilismus« zum Anarchismus und von der Nacktkultur bis zur freien Liebe reichten.

Phaleron

16

Begründer des Ganzen war Henri Oedenkoven, Sohn eines reichen Antwerpener Fabrikanten, der so schwer an Gelenkrheumatismus litt, daß er sich mit 30 Jahren von den Ärzten aufgegeben sah — und auf die Idee kam, selber eine Naturheilstätte zu gründen. Erfahrungen dazu hatte er schließlich genug sammeln können. Ascona schien ihm für sein hohes Ziel der richtige Platz zu sein, besonders der Hügel dahinter, den er pathetisch »Monte Verita« (Berg der Wahrheit) taufte und bombastisch anpries. Die Spekulation ging mühelos auf. Heilsuchendes Volk, wirklich Kranke und Neugierige strömten herbei, willig in der vorgeschriebenen Tracht mit Stirnband, Kittel, Reformkleidung und Sandalen herumlaufend. Bald verbreitete sich eine Ascona-Wundermär, die später vor allem deutsche Snob-Salons und Intellektuellenkreise anzog, so daß damals bereits eine deutsche Invasion ins Tessin einbrach. Unzählige Zeitungsartikel verbreiteten einen Wust von teils ergriffenen, teils spöttischen Schilderungen. Aus den Fingern gesogen war so ziemlich alles. Der Schriftsteller Erich Mühsam aber, der als Anarchist für »Menschlichkeit« kämpfte und lange Jahre eine Zeitschrift unter diesem Zeichen herausgab, hat sich dort selber umgesehen und 1905 eine Broschüre herausgegeben, mit der er über »die Atmosphäre Asconas und den Zusammenhang von Natur und Menschen« aufzuklären versuchte. Er porträtierte eine ganze Reihe der merkwürdigsten Reform-Siedler, die er als »ethische Wegelagerer« charakterisierte, und für Oedenkovens Heil- und Erholungsanstalt, in der man mit nichts als rohem Obst und ungekochtem Gemüse gefüttert wurde, brachte er den Namen »Salatorium« in Umlauf. Ansonsten hat er sich über dieses »Kollektiv-Etablissement« und seine Gäste recht mißmutig geäußert.

Richard Seewald kam 1910 in der Blütezeit der »Vegetabilischen Gesellschaft« nach Ascona. Er mußte zwangsläufig den Koryphäen der wunderlichen Beglücker begegnen . . . und um sie alle hat er einen großen Bogen gemacht.

Nach München zurückgekehrt, erfuhr er, daß die Wochenzeitschrift »Jugend« einige seiner Zeichnungen, die noch auf dem Gymnasium entstanden waren, angenommen hatte. Er brachte neue dorthin, schickte weitere an die Berliner »Lustigen Blätter«. Schnell erlernte er »das schauderhafte, doch fixe Handwerk, für Witzblätter zu zeichnen«, auszuüben — und als ihm die Münchner »Meggendorfer Blätter« einen Vertrag mit monatlichem Fixum anboten, griff er zu. Die Zeitschrift war zwar harmlos gleich den »Fliegenden Blättern«, aber ein Karikaturist im eigentlichen Sinn war Seewald ohnehin nicht und wollte es auch nie werden. Viele lebten damals davon, wie Juan Gris in Paris, Lyonel Feininger in Berlin. Im Café »Stephanie« saßen Paul Thesing, der für den Schweizer »Nebelspalter« zeichnete, Hans Bolz, Mitarbeiter der satirischen Zeitschrift »Der Komet« (für die in den ersten Heften Frank Wedekind als »Mitherausgeber« auftrat), und der Pariser Henri Bing, der für die »Jugend« und, gleich Jules Pascin, für den »Simplicissimus« zeichnete.

Im Grunde kannten sich dort alle untereinander, die Maler und die Literaten, die Verkannten und die Arrivierten. Am Fenster zur Theresienstraße hin spielte Roda Roda stundenlang mit Gustav Meyrink Schach, neben ihnen saßen Herr von Westendorp, ein ehemaliger österreichischer Offizier, und sein Partner, der Revoluzzer Erich Mühsam, dessen Haupt nichts als ein Zwicker inmitten chaotischer Haar- und Bartpracht war. Auf der giftgrünen Wiese eines Billards spielten die Maler Albert Weisgerber und Max Unold, hinter ihnen hockte mit blassem Pferdegesicht der weltverachtende Maler John Höxter, der mit seiner Maxime »Schnorrer braucht man immer« stoisch über

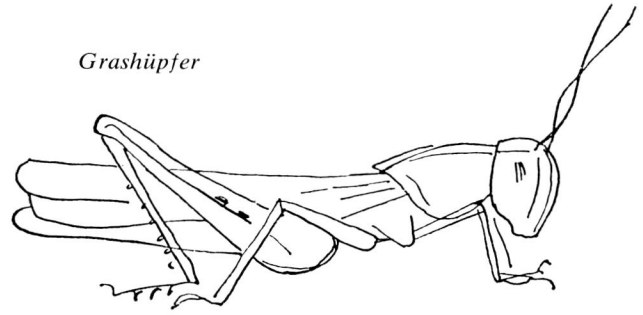

Grashüpfer

Kathedrale von Tinos

die Runden kam. Jeden Nachmittag sah man einen elitären Dichterzirkel mit Arthur Holitscher, Kurt Martens, Frank Wedekind und dem halbgelähmten, halberblindeten baltischen Romancier Eduard von Keyserling — Namen über Namen, stumme Brüter und dösende Nachteulen, wären aufzuzählen. Aber vergessen wir nicht Arthur, den Ober, der als ausgesprochene Spielernatur noch in den verkrachtesten Existenzen kommende Genies witterte und mit erhabener Geduld jede Rechnung stundete.

Mit dem »Puma«, wie Lotte Pritzel genannt wurde, und ihrem Engvertrauten, dem Schauspieler Kalser, und den beiden hochbegabten Brüdern Strich verband das Paar Seewald bald eine echte Freundschaft. Rückblickend sagt Seewald von der Pritzel: »Sie war die liebenswürdigste Amoralistin, die mir im Leben begegnet ist, in der Freundschaft großherzig bis zur Selbstaufgabe.«

In die Boheme verstrickt, alle ihre Höhlen kennend, in ihre Lockungen eintauchend und ihr gleichwohl nicht verfallend, blieb Seewald eine singuläre Figur. Er trennte seine Arbeit in zwei Hälften. Die eine diente dem Geldverdienen, die andere war seinem ernsthaften, künstlerischen Schaffen gewidmet.

Doch läßt sich kaum sagen, daß damit in aller Stille sein Talent »heranreifte«. Natürlich gab es eine Entwicklung — ansonsten begleitete ihn traumhafte Sicherheit. Jeder Strich überzeugte. Seewald zeichnete nicht mit der Hand, sondern mit dem Kopf. Bildhafter ausgedrückt: Seine Hand konnte ohne weiteres ausführen, was der Kopf wollte . . .

. . . und der Kopf verstand es auch, den Aufbruch in eine völlig neue Welt künstlerischen Sehens und Gestaltens zu erkennen. Unvermutet begegnete er einem (von Kandinsky gezeichneten) Plakat für eine Ausstellung der »Neuen Künstlervereinigung München« in der modernen Galerie Thannhauser — und dieses Plakat mit farbigen Elementarformen auf schwarzem Grund veranlaßte ihn, die Ausstellung zu besuchen. Sie lehrte ihm, daß Kunst nicht ein Nachahmen der Natur bedeuten könne. Und ohne der Versuchung nachzugeben, diese neue Kunst nachzuahmen, begrub Seewald vor dem betäubenden Eindruck des Schaffens einer europäischen Avantgarde endgültig seine Absicht, auf die Akademie zu gehen und ein Stuck-Schüler zu werden.

Diese (zweite) Ausstellung der »Neuen Künstlervereinigung München« im September 1910 erregte gleich der ersten Stürme der Entrüstung, und als einer der ganz wenigen, im Innersten bewegten Besucher stand Seewald vor Bildern, die farbglühend in die Zukunft leuchteten.

Es waren Werke darunter, die in der jungen Gruppe selber in der Folgezeit zu schweren Auseinandersetzungen und im Dezember 1911, kurz vor der dritten Ausstellung, zu einem Bruch führten, worauf Kandinsky mit Franz Marc die »Blaue Reiter«-Ausstellung zusammenstellte, die am 18. Dezember 1911 bei Thannhauser eröffnet wurde.

Turm von San Giorgio

Siena

18

Westminster Abbey

Begegnungen und Entscheidungen

Seewald und seine erwählte Lebensgefährtin hatten 1911 beschlossen zu heiraten, und dazu erschien ihnen London als der richtige Ort, denn in England brauchte man keine Papiere. Einzige Vorbedingung zur Eheschließung war, einen dreiwöchigen Aufenthalt nachweisen zu können. Von Liebenden, die irgendwelche Schwierigkeiten zu einer ehelichen Verbindung hatten, wurde gern davon Gebrauch gemacht.

Seewald spürte keine Lust, Urkunden anzufordern — und seine Uli noch weniger. Auch sie war ihrer Heimatstadt (Königsberg) »entlaufen«. Auch sie hatte sich gegen die »Autorität« ihres Vaters aufgelehnt, die in ihrem Fall sich darin äußerte, daß sie jahrelang Knabenkleider tragen mußte.

Das einzige Problem stellte die Finanzierung der Reise, doch wurde es leichter gelöst, als gedacht . . . hatte doch die Galerie Thannhauser — die methodisch

Akropolis

Werke der jungen französischen Schule zeigte und daneben »junge Münchner Künstler« vorstellte — eine Kollektion von Seewalds graphischen Blättern gezeigt. Sie war seine erste Ausstellung überhaupt — und in den »Münchner Neuesten Nachrichten« erschien dazu die erste Kunstkritik über ihn. Zwar bestand sie nur aus einem einzigen Satz, der aber ist denkwürdig genug, um nicht vergessen zu werden:

»Die Galerie Thannhauser stellt in ihrem graphischen Kabinett Zeichnungen eines sehr begabten wenn auch etwas dekadent sich gebärdenden jungen Malers aus.«

19

Der Tadel machte nachhaltig auf die Seewald-Ausstellung aufmerksam —
ganz abgesehen davon aber war ein von der Galerie Thannhauser entdeckter
junger Künstler in jedem Fall kreditwürdig . . . und mit einem Darlehen von
befreundeter Seite reiste das Paar nach London.

Drei Wochen lang zeichnete Seewald in der Riesenstadt alles, was er sah, und,
am 11. 11. 1911 auf die feine englische Art glücklich verheiratet, ging die
Hochzeitsreise nach Paris.

Um diese Zeit ist die Seinestadt zur internationalen Kunstmetropole geworden. Während jedoch die durch den französischen Impressionismus gewon-
nene Vormachtstellung methodisch ausgebaut wird und ihr Triumph lawinen-
haft anwächst, sieht sich die »Ecole de Paris« bereits um erregende neue
Kunstrichtungen bereichert.

Gleichzeitig wird Paris zum Ziel begeisterter Kunstjünger aus Deutschland,
Osteuropa, Skandinavien und den Vereinigten Staaten. Waren sie aber ursprünglich gekommen, um die Impressionisten und Cézanne zu studieren,
stehen viele seit dem Herbstsalon von 1905 im Bann des Fauvismus, und sie
gewinnen Henri Matisse dazu, eine »Schule« zu eröffnen, in der er Unterricht
erteilt. 1907 dann malt Picasso sein alarmierendes Bild »Les Demoiselles
d'Avignon« und kommt mit George Braque zum Kubismus, in dessen erster
Phase von 1907 bis 1909 die Theorien Cézannes radikalisiert werden. Bei der
zweiten, analytischen Phase tritt Juan Gris hervor, mehr und mehr macht
auch Robert Delaunay mit seinen prismatischen Strukturen von sich reden —
und das alles und noch mehr wird im deutschen Malerkreis des »Café du
Dôme« endlos diskutiert.

Das Café liegt an der Ecke des Boulevard Montparnasse und der Rue
Delambre. »Entdeckt« wurde es von den Malern Walter Bondy und Rudolf
Levy, und der letztere notiert später: » . . . als im Herbst 1903 Walter Bondy
und ich aus reinem Zufall dieses Café betraten, in dem bescheidene Bürger
eines abgelegenen Pariser Quartier ihren Apéritif bei einer Kartenpartie ein-
zunehmen pflegten, ahnte wohl keiner von uns beiden, daß Jahre später Gene-
rationen von Malern, Bildhauern, Journalisten aus aller Herren Länder die
Ecke, in der diese Gaststätte lag, so etwas wie Mittelpunkt geistigen Gesche-
hens bedeuten würde . . . Bondy und ich kamen aus München.«

Einstweilen war das »Café du Dôme« vor allem Treffpunkt der deutschen
Maler. Wer auch kam, ob aus München, Berlin, Hamburg, Düsseldorf, tauchte
dort auf. Häufig sah man auch Kunstkritiker, an ihrer Spitze Julius Meier-
Graefe. Dazu kamen die Kunsthändler. Paul Cassirer aus Berlin, Alfred
Flechtheim aus Düsseldorf, Caspari und Thannhauser aus München. Sie such-
ten und fanden internationale Kontakte.

Alles zusammen ergab eine Atmosphäre, neben der sich München recht bescheiden ausnahm, dazu kam das allgemeine Pariser Kunstleben, und nicht zu
vergessen: Man saß an der Quelle. Man konnte den Impressionismus samt
allen weiteren Ismen auf das genaueste studieren, und was auch woanders ge-
leistet werden mochte — die »Ecole de Paris« war bestimmend, alles andere
stand in ihrem Schatten.

Seewald hörte es und sah es. Er hatte es schon vorher gewußt. Aber nun war
er da, begegnete deutschen Malern, die in sich aufnahmen, was ihnen und der
Welt französisches Genie vorgemalt hatte — und wenn er auch ihre Bilder be-
neidenswert gut, oft sogar sehr gut fand . . . auch dann schienen sie ihm nur
»beinahe so gut« wie jene der bewunderten Meister. Und für den Zweiund-

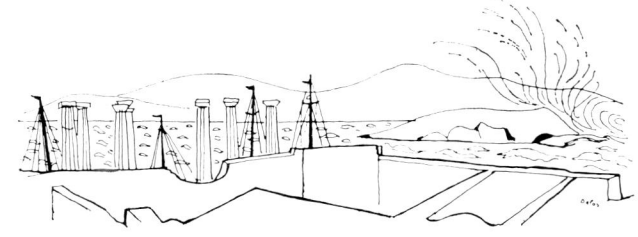

Delos

*Seewald-Karikatur aus der
Münchner Wochenschrift
»Jugend«, 1910*

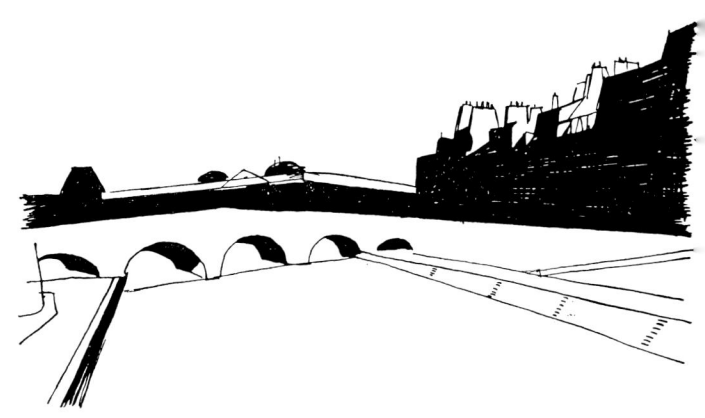

Paris

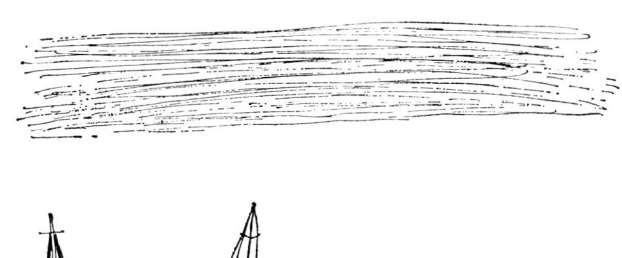

Tinos

Griechische Insellandschaft. Privatbesitz

zwanzigjährigen kam diese Beinahe-Kunst beinahe einem Todesurteil gleich. Sein Abschied überraschte. Viele hatten damit gerechnet, daß er in Paris bleiben würde. Im Pariser Herbstsalon waren 1911 alle seine sechs Zeichnungen angenommen worden, die er von München aus der Jury eingeschickt hatte. Sie waren nicht nur ausgestellt, sie waren sogar verkauft worden, und obendrein hatte die Presse darüber berichtet. Auch 1912 wird er dort vertreten sein.

Von dem Verkauf seiner Zeichnungen lebten Seewald und seine Frau in Paris. Es war ein guter Anfang — warum blieb er nicht?

Was ihn abreisen ließ, war das »beinahe so gut« der Bilder, die er gesehen hatte.

Da meldete es sich wieder, das bewußte »Andershandeln«. Doch hatte ihn bisher Instinkt geführt, war es diesmal sein Intellekt.

Der Entschluß an sich kann gar nicht überschätzt werden. Die Überlegenheit, mit der hier ein junges Talent ohne Führung selber die Weichen für seinen künftigen Weg stellt, bleibt jedenfalls erstaunlich. Seewald findet eine Erklärung dafür in seiner damaligen »wachsenden Einsicht in seine künstlerische

Existenz«. Diese seine »Einsicht« aber entsprang nichts anderem als einer durchdringenden Kritikfähigkeit, die zu eigenen Urteilen kam.

Ab dem Jahr 1912 wendet er sich der Druckgraphik zu, und es kommt nicht von ungefähr, daß er mit der Radierkunst beginnt. Einstweilen ist er nur Zeichner, die Linie ist ihm alles. Also greift er nach der unkomplizierten Technik der Kaltnadel, doch schon bei seinem ersten Motiv »Seiltänzer« ergeben sich ausgesprochen malerische Effekte . . . und sie sind mit der Grund dafür, daß er sich endlich — und ernsthaft — auch der Malerei widmen will.

Und wohlgemerkt, gilt es daneben, die »Meggendorfer Blätter« nicht zu vernachlässigen. Seewalds Monatsfixum bildet schließlich seinen finanziellen Rückhalt. Der Umgang mit der Redaktion hat aber auch seinen Blick für gute Texte geschärft, und als ihm eines Nachts im »Simplicissimus« Hans Bötticher, der Hausdichter der Künstlerkneipe, ein Bündel skurriler eigener Verse zu lesen gibt, stutzt er. Was da unter dem Titel »Die Schnupftabaksdose« vereint ist, ließe sich doch illustrieren? Er nimmt das Manuskript an sich, legt es dem Verleger Reinhard Piper vor — und die Sache klappt. Hans Bötticher, der unter dem Pseudonym Joachim Ringelnatz berühmt werden soll, feiert ausdauernd den Erfolg — und Richard Seewald begibt sich mit seiner Frau auf seine erste Malerfahrt, die er mit dem Piper-Honorar finanziert.

Inselkirche auf Paros

Als Autodidakt beginnt er auf der dalmatinischen Insel Arbe (dem heutigen Rab) zu malen. Dort vollzieht sich übermächtig seine Begegnung mit dem Mittelmeerischen und der Antike. In Fiume hat er sie entdeckt:

»Vor meinen sehenden Augen lagen die Schiffe Homers. Schwarz waren sie, und große Augen waren an ihren Bug gemalt, damit sie ihren Weg fänden bis zu den Inseln. Sie stanken nach Teer und Fisch, und ihre lateinischen Segel leuchteten rot und waren mit geheimnisvollen Zeichen bemalt . . .«

Vier Monate lang lebte er mit seiner Frau in einem kleinen, schmalen weißen Haus über einem roten Strand, und hier beginnt er zu malen, und er erinnert sich später:

»Mein erstes Bild zeigt einen großen Feigenbaum, an dessen Fuß eine Ginsterstaude blüht und der sich über ein blaues Meer neigt, auf dem ein Segel zu sehen ist und in der Ferne rosa Inseln schwimmen.« (»Ararat«, Heft 5, 1921.)

Wieder in München, hat er sich der Musterung zu stellen. Dabei wird er dem »Landsturm« zugeteilt, hört von einem Feldwebel, daß er »das Wort Militär aus seinem Kopf streichen könne«, und kehrt restlos glücklich in sein gewohntes Bohemeleben zurück.

Die Bilder aber, die er auf Arbe gemalt hat, stellt 1913 der neue Kunstsalon von Max Dietzel aus, die zweite Hälfte der Galerie zeigt Bilder von Marianne von Werefkin.

Samos

In derselben Galerie findet dann zugunsten der Else Lasker-Schüler eine Graphikauktion statt. Eine Lyrikerin, deren Dichtkunst »schwarzer Diamant« ist, zieht sie ruhelos umher, ist Träumerin und Beterin:

> Ich suche allerlanden eine Stadt,
> Die einen Engel vor der Pforte hat.
> Ich trage seinen großen Flügel
> Gebrochen schwer am Schulterblatt
> Und in der Stirne seinen Stern als Siegel . . .

Für Else Lasker-Schüler kristallisiert sich der »Blaue Reiter« in den Tierbildern von Franz Marc — und 1916, als er auf dem Schlachtfeld den Tod findet,

wird sie aufschreien: »Der blaue Reiter ist gefallen, ein Großbiblischer, an dem der Duft Edens hing. Über die Landschaft warf er seinen blauen Schatten. Er war der, welcher die Tiere noch reden hörte, und er verklärte ihre unverstandenen Seelen.«

(Jahre später dann, in Ascona, als sie Tierbilder und -zeichnungen Richard Seewalds sieht, erklärt sie ihm, »daß nach dem Tode Marcs nur er allein Tiere darstellen dürfe«.)

Zu der Auktion im Kunstsalon Dietzel hat die Münchner Avantgarde Zeichnungen gestiftet. Seewald gab ein Aquarell »Erinnerung an Paris«, das Kandinsky für acht Mark ersteigert. Er selber bekommt für zwei Mark den Zuschlag für eine Zeichnung von Karl Schmidt-Rottluff — und für eine Mark André Gides »Der gefesselte Prometheus« mit Zeichnungen von Bonnard.

Auch in der Folgezeit widmet ihm Kandinsky seine Aufmerksamkeit. Der Theoretiker einer neuen Kunst, der wie ein Mathematikprofessor aussieht, lädt ihn sogar in seine Schwabinger Wohnung ein. Aber den nachhaltigsten Eindruck, den Seewald dort empfängt, vermittelt ihm ein kleines Bild »Les Fortifications« von Henri Rousseau. Einmal wird er zu einem Vortrag mitgenommen: »Kandinsky oder die Erstürmung des Morgen«. Zu einem anderen Vortrag, von Julius Meier-Graefe: »Wohin treiben wir?«, bei dem der Apostel des französischen Impressionismus die Kunst Renoirs beschwört, geht Seewald allein hin. Auch Kandinsky ist gekommen, und als Meier-Graefes Donnergrollen endet, blicken alle im Saal mit gespannter Erwartung zu ihm. Kandinsky jedoch schweigt mit einem sphinxhaften Lächeln.

Inzwischen hat sich in einem allgemeinen Suchen nach Formvereinfachung aus dem Fauvismus, der Kunst der Primitiven und in Deutschland auch aus der spätgotischen Graphik der Expressionismus entwickelt. Woher immer die Einflüsse gekommen sind — was an ihm überrascht, ist sein rapides Hochschießen und sein gemeinsames Austoben in Aggressivität, in einer radikalen Kampfansage gegen jegliche Tradition.

Parallel damit geht eine expressionistische Lyrik. Im Stakkato heruntergehämmerte Wortfetzen feiern die Welt der Maschinen, stammeln von den »Schluchten der Städte«, provozieren die bestehende Gesellschaftsordnung, fordern eine chaotische Freiheit. Eindringlicher gegenüber ihren wilden Ausbrüchen sind die »Botschaften«, die der belgische Dithyrambiker Emile Verhaeren vorausschickte. Ab der Jahrhundertwende bis zu seinem Tod im Jahre 1909 Weltruhm erfahrend, hat er zuletzt das moderne Industriezeitalter — »die ganze Welt ist am Werke und Europa voran« — prophetisch gedeutet:

Matrosencafé auf Korfu

In diesen Städten von schwarzem Basalt,
Wo zaubrische Feuer dem Dunkel entlohen,
In diesen Städten, wo mit Donnern und Drohen,
Mit Schrei und mit Träne aus tausend Stimmen
Die Menge sich ballt,
In diesen Städten, die plötzlich sich krümmen,
Wenn die Angst und der Aufstand sie rot überwältigt,
Fühl' ich mein Herz vertausendfältigt,
Fühl', wie sich's wandelt und weitet und füllt
Und in jäher Ekstase fast überquillt.

Man muß sich vergegenwärtigen, was im allgemeinen Bewußtsein schlummerte, weggeschoben, geleugnet wurde . . . und endlich mit dem Expressionis-

Kusadasi

Hafen von Viareggio

mus zu einem explosiven Ausbruch führte, der die Jugend erregte und die Bürger erschreckte. Ein Richard Seewald, der einer Generation angehört, die mit Dostojewski ihren Goethe fand — der zusätzlich die literarische Moderne verschlang, ihr ausgeliefert war, mußte davon angesprochen werden. Und wenn der Kurt Wolff Verlag noch 1914 von ihm eine Mappe »Die fröhlichen Städte« herausgab, in der aber nicht nur freundliche Impressionen vereint waren, entdeckt er jetzt die Dramatik großstädtischer Straßenlandschaften.

Mühelos wechselt er vom bisher Linearen zur expressiven Flächenkunst. Seine ersten zehn Schnitte vereint der Münchner Verlag Heinrich Bachmair in einer Mappe. Auch wird er wieder vom Pariser Herbstsalon akzeptiert, und nicht zuletzt ist er im ersten deutschen Herbstsalon des »Sturm« vertreten, den Herwarth Walden in Berlin organisiert hat.

Durch den Bachmair Verlag ist er aber auch unversehens in politisches Fahrwasser geraten. Sein Holzschnitt »Revolution« ist Titelschmuck des ersten Heftes einer gleichnamigen, von Hans Leybold bei Bachmair herausgegebenen Zeitschrift. Sie erscheint am 1. Oktober 1913 mit einer Auflage von 3000 Stück und wird im übrigen konfisziert. Aber keineswegs aufgrund ihrer revolutionären Beiträge, sondern wegen einer Novelle von Leonhard Frank: »Der Erotomane und diese Jungfrau«.

Nicht mehr politisch gefärbt sind die Zeichnungen Seewalds für die »Weißen Blätter«, die René Schickele herausgibt. Dieses Engagement klingt ab, ist ohnehin seine Sache nicht.

Zypressen und Ölbäume

Eine tiefgreifende Entscheidung dagegen bedeutet für ihn — er hat es selber wiederholt betont — seine Begegnung mit dem gewaltigen Werk Emil Noldes, das der »Neue Kunstsalon« als »Erste Gesamtschau« zeigte.

Seewald sagt, daß er hin und her gerissen worden sei . . . teils von der Bewunderung niemals zuvor gesehener Farberuptionen, teils von seiner Ablehnung einer Vergewaltigung »der Dinge«. Sein mittelmeerisches Herz habe nach der »Ordnung der Dinge« verlangt.

Hier sind wir auf jenen Grundbegriff gestoßen, der fortan nicht nur seine Malerei, sondern auch sein Denken bestimmen soll.

Seewald behauptet, daß er, der am Strand der Ostsee aufwuchs, gleichwohl mit dem Wissen darum geboren worden sei. Es habe ihm die Bedeutung der Mitte — der man weder etwas hinzufügen noch hinwegnehmen könne, ohne sie zu

Eselreiter

zerstören — als das aristotelisch Vollkommene gelehrt und fordere die Achtung vor der Existenz der Dinge.

So ist es nicht verwunderlich, daß er bereits im Jahre 1915 das kleine Bild mit den Tabakpaketen auf einem Schachbrett malen konnte, in dem Hausenstein (der es sofort kaufte) das Ende des Expressionismus, der zweidimensionalen Malerei, zu erkennen meinte. Denn die Dinge sind rund, sind körperlich, man muß sie umgreifen können.

Erst in den zwanziger Jahren zog die »Neue Sachlichkeit« nach, da sie für ihre »Sachen« ebenfalls das Körperhafte, Räumliche brauchte.

Was jedoch seine unruhige »Wahrheitssuche« betrifft, findet er in dem Kulturphilosophen Theodor Haecker seinen Mentor. Ferdinand Schreiber, Verleger der »Meggendorfer Blätter«, hatte seinen Schulfreund Haecker als Redakteur aufgenommen, um ihm zu ermöglichen, seine Studien bei Max Scheler zu beenden. Schreiber ist es auch, der Haeckers erste Schrift »Kierkegaard oder die Philosophie der Innerlichkeit« verlegt. Durch ihn kommt Seewald in einen geistigen Kreis, der sich um Theodor Haecker gesammelt hat. Durch ihn lernt er »das Christentum als die einzig echte Aristokratie auf dieser plebejischen Erde erkennen«, und Haecker veranlaßt ihn, Newmann zu lesen, den er gleich Kierkegaard übersetzt, bevor er seine eigenen, weithin ausstrahlenden Bücher »Polemik und Satire« schreibt.

Eine zweite Mittelmeerreise führt Seewald mit seiner Frau nach Korsika. Sie lassen sich zu dem winzigen Hafen St. Florent kutschieren, mieten sich dort in dem kleinen (und einzigen) Hotel »de L'Europe« ein, teilen das einfache Leben der Familie, und Seewald zeichnet und malt.

Ist er zufrieden mit dem, was entsteht? Nicht immer. Es kommen Stunden des Zweifels und der Niedergeschlagenheit. Einmal ist es soweit, daß er das eben Gemalte zerstören will. Aber es gibt einen Gott der Maler, und von ihm kommt der Zuruf: »Wenigstens ist es *deine* Kunst und nicht die eines anderen!«

— — — — —

Als sich das Jahr seinem Ende zuneigte, erlebte München wieder einmal einen Künstlerkrach. Aus der »Sezession« trat mit Albert Weisgerber an der Spitze eine Reihe von Künstlern aus, die mit namhaften Gleichgesinnten sich am 27. November 1913 zur »Neuen Sezession« zusammenschlossen. Zu den 23 ordentlichen Mitgliedern gehörte Richard Seewald — der bald danach auch Mitglied des »Deutschen Künstlerbundes« wurde.

Die Jahre nach 1914

Der Ausruf van Goghs: »On doit méditerranisser l'art« war zu einem Leitspruch Seewalds geworden — und so sah ihn der Sommer 1914 in Arles. Pflichtschuldigst zeichnete er die durch van Gogh berühmt gewordene Zugbrücke und konstatierte befriedigt, daß unter ihr immer noch Wäscherinnen am Fluß knieten. Weitere Spuren des Meisters zu verfolgen, daran hinderte ihn eine gewisse Scheu, und so wurde das Meer auf der anderen Seite der Rhône gesucht. Der Name »Port Saint-Louis du Rhône« klang verheißungsvoll — doch lag dort nur ein tristes Hafenbecken samt einem langen Kanal, der fernhin zum Meer führte. Spaziergänge zur Rhône brachten Begegnungen mit Camargue-Hirten, die auf ihren weißen Pferden gewaltige schwarze Stiere hüteten, sonst waren nur Silos und Petroleumtanks zu sehen — und ihrem Hotel direkt gegenüber eine Villa »Diabolo«, die ein Bordell war. Aber das Malerpaar blieb, mußte aus Geldmangel 14 Tage bleiben, bis Max Dietzel vom »Neuen Kunstsalon« einige Seewald-Bilder verkauft und telegraphisch Geld überwiesen hatte.

Nun ging es über Marseille nach Cassis, in die Provence . . . und sie troff von Öl und Wein, und sie betörte mit ihren trockenen Cézanne-Farben, rötlichen und gelben Tönen, mit staubigem Grün, zartem Grau und dem Blau des Himmels.

Durch den Prozeß der Madame Caillaux, die in Paris auf offener Straße einen Journalisten erschoß, weil er ihren Mann beschimpft hatte — durch dieses politische Drama ungewohnter Zeitungslektüre verfallen, erfuhr Seewald so ganz nebenbei die Ermordung des österreichischen Thronfolgers in Sarajewo — eine Nachricht, die zunehmend von einem möglichen Krieg reden ließ und plötzlich das Gesicht der kleinen Stadt Cassis veränderte. Beunruhigt ging er zum Bürgermeister, und der schlug die Hände zusammen: »Sie sind noch hier?« Auf sein Drängen reisten die Seewalds am nächsten Morgen ab. Sie kamen in Marseille in einen Hexenkessel, erkämpften sich Plätze in einem Zug nach Lyon, um nahe der Schweizer Grenze die einzigen Passagiere zu sein, und fuhren am nächsten Mittag von Genf nach München.

Dort war die erste Ausstellung der »Neuen Sezession« im Mai eröffnet worden, sie lief bis zum Oktober. Als Ausstellungsraum diente die künstliche Eisbahn in der Galeriestraße. Albert Weisgerber war bereits einberufen, kam an die Front und fiel als Leutnant bei einem Sturmangriff bei Fromelles vor Ypern am 10. Mai 1915. Ihm voran ging August Macke vom »Blauen Reiter«, der am 26. September 1914 bei Perthes in der Champagne den Tod fand.

Zur Musterung aufgerufen, wurde Seewald dem »Landsturm ohne Waffen« zugeteilt. Wie zuvor versuchten die Bohemiens, ihr gewohntes Leben weiterzuführen, doch wurde nun das griechische Restaurant »Akropolis« zum eigentlichen Treffpunkt der Maler, Bildhauer, Literaten, samt Schauspielern und Schauspielerinnen der Kammerspiele und ihrem Direktor Falckenberg.

Aber zu viele vertraute Gesichter fehlten allmählich, zu viel hatte sich geändert, und da Seewalds Freistellung vom Militärdienst Auslandsreisen erlaubte, fuhren er und seine Frau wieder nach Ascona, nisteten sich aber später auf dem Steilhang hoch über dem Ort in der sogenannten »Unteren Mühle« ein. Sie stand leer. In einem großen dunklen Raum bot ein Kamin Gelegenheit zum Kochen. Ein Raum darüber diente zum Schlafen, die Möblierung war höchst bescheiden. Nie war zu erfahren, wem diese Mühle, neben der ein Wasserfall herabstürzte, eigentlich gehörte — und nie wurde Miete bezahlt. Freunde der beiden, ein liebenswerter Pseudorevolutionär mit seiner Gefährtin »Friedel« und der Psychoanalytiker Otto Gross, kamen häufig zu Besuch. Auch zwei Russen, die augenscheinlich Berufsanarchisten waren. Der eine kochte sich dann am Kamin eine bescheidene Suppe. Der andere, ein Bauer mit dem Namen Wasja, kam, um Berge belegter Brote zu vertilgen — und lehrte Seewald, im Bach Forellen mit der Hand zu fangen.

Es gab aber auch eine »Obere Mühle«, einen steinernen quadratischen Würfel mit einem pyramidenförmigen steinernen Dach. Auch an ihr vorbei brauste der wild schäumende Bach — und hier mieteten sich die beiden im kommenden Jahr für zehn Franken im Monat ein. Das Meublement war ebenfalls bescheiden. Die Betten waren Brettergestelle, und sie schliefen auf Säcken, die

Marseille, 1914

Kälbchen

26

Fisch

mit Farnkräutern ausgestopft waren. Sie dufteten herrlich, nur war die Füllung von Zeit zu Zeit zu erneuern.

Seewald malte wie immer besessen, und in dieser Zeit entstanden seine Waldbilder. Am Abend gingen sie in das nächste, halbverlassene Dorf Arcegno, um Wein, Brot, Butter, Milch und Käse einzukaufen. Auf Streifzügen durch den Wald brachte die Hausfrau, begleitet von ihrem roten Setter, fast täglich Beeren und Steinpilze heim . . . und als es kalt wurde, loderten im Kamin die Faschinen, Bündel von Holz. Es war ein glückliches Robinsonleben, und folgerichtig zeichnete Seewald hier seine Illustrationen zu »Robinson Crusoe« für den Münchner Hans Goltz-Verlag.

Ein Seewald-Bekenntnis: »In diesen beiden Mühlen wurde meine schicksalhafte Liebe zum Tessin geboren, diesem Land, von dem ich gesagt habe, hier grüße immer Breughel Vergil. Ich lernte die Landschaft in der brütenden Hitze des Sommers lieben, aber nicht minder, wenn unendlicher Regen herabstürzte, tagelang. Der Bach brüllte dann wie eine Herde von Stieren, und die tiefziehenden Wolken löschten die Welt aus, als stände das Nichts um das Haus.«

———————

Mit dem Eintritt Italiens in den Krieg wurde das Leben ungemütlich. Die Schweiz besetzte ihre Südgrenze, Soldaten kamen. Die Bewohner der Mühle konnten bleiben, doch veränderte sich allmählich die ganze Atmosphäre, und es kam der Tag, an dem drei Tessiner Bauern den Maler als einen Spion verhaften wollten. (Viermal ist später Seewald das gleiche passiert: auf Sardinien, in der Toscana, auf Elba und nochmals im Tessin.)

Schließlich wurden die Koffer gepackt und zur Rückkehr nach München einige Vorräte gekauft: Kaffee, Tee, Reis, Schokolade. Die Konterbande wurde sofort beim Grenzübergang entdeckt. Ein herbeigerufener deutscher Zollinspektor warf einen Blick auf Seewalds Bilder, murmelte: »Ach, ein Kunstmaler!«, musterte das Schmuggelgut und sagte: »Nehmen Sie die Sachen mit . . .«

In München war alles rationiert. Das ganze graue Elend einer Stadt im Krieg griff tief ins tägliche Leben ein.

Aber in der Alten Pinakothek war der Isenheimer Altar von Matthias Grünewald ausgestellt, und die »Neue Sezession« veranstaltete eine Gedächtnisausstellung für ihren ersten Präsidenten Albert Weisgerber. Die russischen Maler waren längst emigriert, viele bedeutende deutsche standen im Kriegsdienst. Die Nachricht, daß Franz Marc — für viele die größte Hoffnung des »Blauen Reiters« — am 4. März 1916 vor Verdun gefallen war, verbreitete Trauer und Bestürzung.

Endlich nahm auch Berlin von den bereits unersetzlichen Verlusten des deutschen Kulturlebens Notiz, und nun wurden Maßnahmen getroffen.

So erhielt auch Richard Seewald eines Tages vom Berliner Kultusministerium einen Fragebogen, auf dem zu vermerken war, welche Maler er für so wichtig hielte, daß sie von der Front zurückgezogen werden müßten . . . und Seewald setzte Paul Klee auf diese Liste.

Paul Klee war am 11. März, sieben Tage nach dem Tod seines Freundes Franz Marc, eingezogen worden und als Landsturmmann ins Rekrutendepot Landshut gekommen.

Mitten aus einer Gefechtsübung abkommandiert, sieht er sich am 12. August zur Fliegerersatzabteilung Schleißheim versetzt, begleitet als Transportführer Flugzeugverschickungen mit der Eisenbahn und landet schließlich im Schreibstubendienst mit viel Zeit für seine künstlerische Arbeit.

Seewald illustriert für den Goltz-Verlag »Penthesilea« von Heinrich von Kleist, und zwar mit Lithographien — für ihn eine neue Technik, die ihn zu ausgesprochen malerischer Verve führt. Das Buch erscheint 1917. Für »Robinson Crusoe« hat er aus dem Tessin 85 Federzeichnungen mitgebracht, doch verzögert sich die Herausgabe um zwei Jahre.

Da eine Reise ans Mittelmeer nicht mehr möglich ist, sucht Seewald nach einer Landschaft, in der er das italienische Element zu spüren hofft, und findet das Dorf Fürstenzell bei Passau. Mit seiner Frau verlebt er dort in einem kleinen Bauernhof zwei »bukolische Sommer« — und entdeckt die Tiere. Im bewußten Gegensatz zu Franz Marc, der mit seinen Bildern die Welt durch die Augen der Tiere sehen wollte, malt und zeichnet Seewald seine Tiere als Sinnbilder der geschaffenen Welt, »als Kreaturen, um deren Stirnen noch ein letzter Glanz des Paradieses leuchtet«.

Ziege

Im Herbst 1918 lassen ihn neue Illustrationsaufträge nach München zurückkehren. In der Nacht zum 8. November proklamiert Kurt Eisner die Republik. Am 21. Februar 1919 wird er auf dem Weg zum Landtag von Anton Graf Arco erschossen, und Anfang April wird die Räterepublik ausgerufen, die nach wenigen Wochen ein blutiges Ende nimmt.

Kurz zuvor hat Hans Goltz von Februar bis März das graphische Werk Richard Seewalds von 1912 bis 1918 gezeigt. Inmitten der chaotischen Zeit meldet sich die »Neue Kunst« zu Wort. Die wachsende Inflation zeitigt überdies eine Blüte der deutschen Buchkultur, die Verleger wetteifern mit bibliophilen Luxusausgaben. Unter anderem illustriert Seewald für den Berliner Kunsthändler und Verleger Gurlitt Gellerts »Fabeln«, und Gurlitt ist es auch, der ihn zum Schreiben bringt. Der Vorschlag, bei einer »Malerbuch-Reihe« mitzumachen, für die bereits Alfred Kubin, Rudolf Großmann und Lovis Corinth zugesagt haben, ist zu verlockend. 1912 hatte der Verleger Eugen Rentsch — nach einem Streitgespräch Seewalds mit René Beeh über Cézanne und van Gogh — ihn aufgefordert, ein Buch über van Gogh zu schreiben. Damals lehnte Seewald ab, jetzt sagte er Gurlitt zu und schreibt sein erstes Buch: »Tiere und Landschaften«, natürlich mit eigenen Illustrationen.

———— ———

Noch 1920 zeigt die Galerie Thannhauser eine Seewald-Ausstellung, und deutlich wird an den Bildern erkennbar, daß hier ein Maler ist, der den Expressionismus bereits hinter sich gelassen hat. Anstelle gewalttätiger Umformung manifestiert sich sinnenhafte Weltfreude mit einer tonigen Palette, die zu glücklichsten Farbakkorden führt . . . und Däubler sieht in seiner Kritik hier »einen Weg, der weit führen könnte«.

Reh

In dieser Zeit fallen Seewald Aufgaben zu, die seine Begabung für dekorative Schöpfungen wecken. Das Münchner Nationaltheater läßt sich von ihm Dekorationen für das Ballett »Karneval« von Schumann entwerfen, dem reizvollen Münchner Künstlertheater malt er für dessen »Reliefbühne« Dekorationen für Shakespeares »Maß für Maß« — und zum ersten Mal ergibt sich ein religiöses Thema. Für die kommende Münchner Gewerbeschau von 1922 soll er einen Raum in Form einer Kapelle schmücken, und seine Kartons für Glasfenster und Wandmalereien finden größten Anklang.

Ende 1921 veranstaltet Gurlitt in Berlin eine Seewald-Ausstellung, zu der W. Müller-Wulkow in der damals führenden Zeitschrift »Kunst und Dekoration« im Januar-Heft von 1922 sagt, daß sie »zum ersten Mal in Norddeutschland auch den raschen Entwicklungsgang dieses für sich stehenden Autodidakten erkennen ließ«. Weiterhin schreibt er über Seewald:

»Der zeichnerische Stil, der ihm von der Illustration her geläufig war, ist mehr und mehr durch eine tonige Malerei verdrängt, die graphische Umschreibung, die leidenschaftlicher und momentaner wirkte, ist einer klaren Körperlichkeit und Zuständlichkeit in den Bildern gewichen.

Vergeblich fragt man bei diesem Künstler nach dem Schulzusammenhang. Und doch führt ihn sein Weg irgendwie auf der großen Linie der Tradition, wenn auch die Form seiner Synthese, wie alles unbewußt Wirkende, jetzt noch nicht erkennbar ist. Er entmannt eben nicht sein alles umspannendes Bewußtsein europäischer Kunstentwicklung, von dem die vielen Unbedingten sich losreißen möchten. Deshalb ist er vor dem extremen Radikalismus bewahrt geblieben. Seewald gelang es daher früher als anderen, die von der expressionistischen Entwicklung fallengelassene Masche wieder aufzunehmen und jene

Fischer in Forte dei Marmi

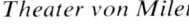

Theater von Milet

gute tonige Malerei der voraufgegangenen Zeit mit einem nicht wesentlich gedämpften Ausdruckswollen zu verbinden, ein Bemühen, das mit dem raschen Modewechsel und mit starken Ausstellungseffekten nichts gemein hat. Deshalb war auch Seewald auf den Ausstellungen, etwa der Münchner Neuen Secession, die so heterogene Elemente vereinigte, keiner der Lauten, sich Aufdrängenden, man begegnete ihm jedoch von Anbeginn mit Hochachtung . . .

. . . Dennoch wird Seewald posthum erst wie seine beiden Landsverwandten C. D. Friedrich und Ph. O. Runge vollgültig anerkannt werden. Er ist nicht revolutionär genug, um schroff bekämpft oder völlig verkannt zu werden, und zu in sich gekehrt, um das Maß an Liebe zurückzuempfangen, das er den Dingen hingegeben hat.

Schlicht sind auch die Reize, deren Resonanz in der Harmonie seiner Bilder nachklingt, der Kubus eines Hauses am Abhang, flache Satteldächer Tessiner Bergdörfer über dem Spiegel des Lago Maggiore, das Verwurzelte der Vegetation, ihr Lichtverlangen in den Sonnenblumen und die Formkraft der Agaven. Mit erregterer Leidenschaft sieht Seewald die Tiere und hat aus solchem Erleben Bilder geschaffen, die zum Eindringlichsten gehören, was in der Nachkriegszeit entstanden war.«

Mit voller Absicht ist gerade diese Besprechung aus vielen anderen gewählt worden, spricht sie doch wesentliche Punkte an, die Seewalds künstlerischen Weg klar umreißen und seine endgültige Hinwendung »zu den Dingen« vorausahnen. Frappierend ist auch die Zitierung von Caspar David Friedrich und Philipp Otto Runge.

Um dieselbe Zeit erfaßt Wilhelm Hausenstein die innere »unveräußerliche« Haltung Richard Seewalds:

»Von Anfang an lag zwischen ihm und der Welt nichts, er malte vor sich hin, als wäre zum ersten Mal ein Maler auf Erden . . .

Die Zeit schien einen Rat zu geben: opfere doch den Gegenstand . . .

Er ist in einem Maß gegen Einflüsse gefeit, das in dieser Zeit unzähliger Über-
schätzungen der Einflüsse staunen macht . . .
Die Energie des Künstlers versammelt sich unermüdlich darauf, das Objekt zu
realisieren . . .
Übrigens war klar, daß das Neue ohne den Süden nicht möglich sein konnte.
Das Klassische und Lateinische war unveräußerlich . . .
Das Eigentümliche seiner Kunst ist die absolute Unmittelbarkeit seiner Be-
ziehung zu den Dingen . . .
Er ist ein Moderner außerhalb der Kategorie — darum ein sehr Moder-
ner . . .« (Cicerone).

— — — —

Stadttor (Montepulciano)

1922 lernt Seewald den jungen Fürsten Leone Massimo kennen, der an der
Münchner Musikakademie gerade sein Studium beendet hat und ihn einlädt,
mit ihm nach Rom zu fahren. Seewald gibt zu bedenken, daß er sich aufgrund
der Inflation einen längeren Italienaufenthalt nicht leisten könne. Aber Massimo beruhigt ihn — er habe ein Haus in den Abruzzen, da könne er wohnen
und arbeiten, solange er nur wolle.
Die Reise wird zu einem Märchen. Der junge Fürst zeigt ihm Rom und arran-
giert eine Seewald-Ausstellung bei Bragalgia, dem damals einzigen modernen
römischen Kunstsalon. Die Galerie, in einer Katakombe nahe dem Palazzo
Farnese, ist Theater und Tanzlokal zugleich, schäumt nachts vor Leben über.
Im Palazzo Massimo, in dem Seewald wohnt, darf er täglich die Großmutter
seines Freundes, eine Tochter der Duchesse du Berry aus zweiter Ehe, mittags
zu Tisch führen . . . und in den Abruzzen bewohnt er als einziger Gast ein weit-
räumiges Schloß. In einem der Schlafzimmer hängt ein Bild, das die Duchesse
— die den Bürgerkrieg der »petite Vendée« für ihren Sohn, den Dauphin,
führte — im Gefängnis zeigt. Und als Seewald eines Morgens dieses Bild mit
dem Kopf nach unten hängen sieht, ist tatsächlich die alte Dame zur selben
Stunde gestorben . . . ein »Zufall«, der ihm bei der ganzen Verwandtschaft
größtes Ansehen verschafft.
Noch im Herbst des Jahres 1922 »entdeckt« Seewald die Insel Elba. Malend
und zeichnend wird er immer beobachtet, und drei Tage vor seiner Abreise
eröffnet ihm der Maresciallo der Karabinieri, daß die Regierung — die neue,
faschistische — Elba zum Festungsgebiet erklärt habe, in dem alles Malen und
Fotografieren verboten sei.
»Giovinezza, Giovinezza!« trällert der alte Patron des Albergos, als sich Seewald verabschiedet — aber das hatte er jeden Tag von ihm gehört. Später einmal sitzt ihm in einem Zugabteil ein Mitreisender gegenüber, der ihm fröhlich
anvertraut: »Ich kenne Sie und Ihre Bilder! Ich habe in Elba Ihr Zimmer und
Ihr Gepäck durchsucht!«

Naxos-Architekturen

Inzwischen feiert der Expressionismus neue Triumphe.
Von 1923 an sieht er sich einer neoklassizistischen Richtung gegenüber, für
die G. F. Hartlaub, Direktor der Mannheimer Kunsthalle, den Namen »Neue
Sachlichkeit« erfindet. Franz Roh in München aber bezeichnet sie als
»Magischen Realismus«. Eine Formulierung, die bei Kanoldt zutrifft, wäh-
rend ein Franz Radziwill bereits in den Surrealismus hinübergreift. Beide ge-
hören gleich Scholz und Schrimpf mit zu den Hauptvertretern der »Neuen
Sachlichkeit«. Alles übrige wird von der Sach-Welle in weniger als zehn Jahren
in das Brackwasser eines öden Akademismus getragen.
Seewald hat indes seinen eigenen Realismus im Erfassen der Ursprünglichkeit

Kathedrale (Montepulciano)

Storchennest bei Ephesos

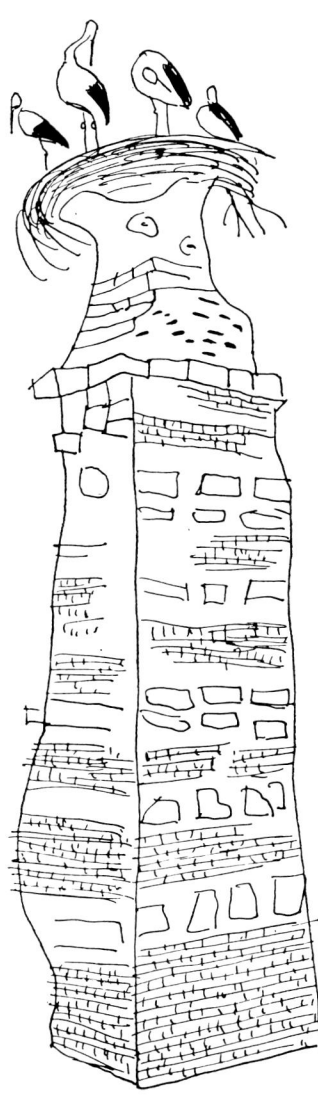

der Dinge weiterentwickelt. Bestimmend ist nun eine Meditation, die zeitweise nahe zur Naivität Henri Rousseaus führt — tragendes Moment aber wird eine entrückte Wirklichkeitsschau, die vom arkadischen Triumph bis zu schwermütiger Unterwerfung reicht.

Die Professur in Köln

Eine völlige Wende in Seewalds Leben trat 1924 mit seiner Berufung an die Kölner Werkschule ein. Martin Elsässer, ein ihm unbekannter Architekt, hatte deren Leitung übernommen und wollte ihn als Professor einer Klasse für Graphik und Wandmalerei haben. Die Nachricht erreichte Seewald in Positano, und er sagte zu.

Aber, fragte er sich, war er mit seinen 35 Jahren überhaupt gerüstet, ein Lehramt zu übernehmen? Nun, er hatte für sein Schaffen den Weg der »Mitte« gewählt, was keineswegs einen bequemen Mittelweg bedeutete, wohl aber den eigenwilligsten.

Doch während die Expressionisten in die Völkerkunde-Museen gingen, um bei Zeugnissen der Naturvölker ihre Bestätigung zu holen, hatte er die Münchner Glyptothek und das Antiquarium zum Ziel seiner Entdeckungen gemacht, den Apoll von Tenea und die griechischen Vasenbilder in der Antikensammlung nicht weniger aufregend gefunden. Vor dem in die Alte Pinakothek aus Colmar evakuierten Isenheimer Altar wiederum wollten die Expressionisten in Grünewald den ersten der Ihren erkennen, der — wie jemand ekstatisch schrieb — »mit seinem eigenen Blut gemalt hatte«. Seewald widmete sich den bescheideneren Meistern der Donauschule: Albrecht Altdorfer, Wolf Huber, Martin Hirsvogel und daneben dem dämonischen Hans Baldung Grien.

Dies alles bedenkend, faßte er Mut für Köln. Kontakt fand er vor allem mit zwei Kollegen, dem Holländer Thorn Prikker, den man als Begründer der modernen Glasmalerei bezeichnen muß, und mit Dominikus Böhm, einem Meister des modernen Kirchenbaus. Direktor Martin Elsässer ließ ihnen freie Hand. Später folgte ihm der Jugendstil-Architekt Richard Riemerschmid aus München, dessen ungewöhnliche Ideen für den Aufbau und die Führung einer Kunstschule Seewald zu häufigen Diskussionen reizten.

Das Lehren fiel ihm nicht schwer. Für ihn handelte es sich darum, seinen Schülern eigene Erfahrungen mitzuteilen und ihnen vor allem einen Begriff davon beizubringen, was »Kunst« eigentlich sei. Größten Wert legte er jedoch auf visuelle und handwerkliche Vorschulung und nahm damit die heute auf allen Werkschulen geübten Einführungskurse vorweg.

Persönlich wurde ihm die Umstellung auf ein geregeltes Arbeitspensum leichtgemacht . . . die Herzen seiner Schüler flogen ihm zu. In den kunstinteressierten Kreisen Kölns bis hin zum Großbürgertum fand er Freunde und neue Seewald-Sammler.

Zu seinem eigenen Schaffen gesellten sich Aufträge der Berliner Porzellanmanufaktur, deren Höhepunkte Dekors für ein fast hundertteiliges Tafelservice mit Bildern aus dem »Robinson Crusoe« waren. Dazu kam ein Auftrag von der Ausstellungsleitung des Münchner Glaspalastes, die sich von ihm den Ruheraum des Gebäudes mit Landschaften vom Lago Maggiore ausmalen ließ, die leider mit dem Glaspalastbrand von 1931 vernichtet wurden. Zer-

31

stört wurden später auch andere Lago-Maggiore-Landschaften auf den Wänden eines Pavillons, der im Garten eines jüdischen Hauses in Köln stand. Ein »Parteigenosse«, der dem legitimen Besitzer nachfolgte, ließ sie mit brauner Ölfarbe zustreichen.

Als Seewald zum dritten Mal Wände bemalte, tat er das in seinem eigenen, selbstentworfenen Haus. Es war das erste Wohnhaus in Köln mit flachem Dach, am Ufer des Rheins. Aber nach einer glanzvollen Einweihung ging er am nächsten Tag durch alle Räume . . . und fragte sich, ob sein Ehrgeiz wirklich darin bestehe, ein so luxuriöses Haus zu besitzen, und ob es nicht besser sei, dies alles zu verlassen. Es war eine typische Seewald-Reaktion, die nur eines »Zeichens« bedurfte . . . das auch kommen sollte. Den neuen Besitzern aber, die das Haus dann von ihm kauften, mißfiel das von ihm gemalte skurrile

Strandläufer

Die Luftschiffer.
Privatbesitz

Getier im Speisezimmer so sehr, daß sie die Wände tapezieren ließen. Als in jüngster Zeit das Haus von der Stadt Köln gekauft wurde, gelang es, die Fresken wieder freizulegen.

Während der Ferien in Ronco war er nahe daran, die »Obere Mühle« zu kaufen, aber seine Frau hatte Bedenken. Sie folgten der Straße weiter nach Süden — und standen unverhofft vor einem Häuschen, das völlig von wildem Wein überwuchert war. Ein Bach plätscherte daran vorbei, weit öffnete sich der Blick über den See. »Da vendere« stand an dem verlassenen Würfel, der ein »Roccolo«, ein Vogelstellerhäuschen, gewesen sein mußte, und nach einer Stunde gehörte es ihnen. Von nun an fuhren sie jeden Sommer hierher, kauften rings um das Haus Wald und Wiesen und Wein dazu.

Athen

Seewald war inzwischen in die katholische Kirche eingetreten. War doch sein ganzes Empfinden von einer Geisteshaltung bestimmt, die sich als »Katholizität« bezeichnen läßt. Das hatte bereits 1921 anhand des ersten Seewald-Buches »Tiere und Landschaften« Carl Muth erkannt, der es in seinem »Hochland« vorstellen wollte — einer Monatsschrift, die sich mit dem geistigen und künstlerischen Leben Deutschlands vom Standpunkt katholischer Weltanschauung her auseinandersetzte. Und als Seewald zögernd zu bedenken gab, daß er Protestant wäre, hatte Muth lächelnd erklärt, daß dieses Buch »die vollendetste Darstellung der katholischen Naturauffassung sei«.

Seewalds Konversion ging ohne Aufhebens vor sich. Mit Zustimmung des Bischofs von Lugano wurde er im Collegio Papio von Ascona in die Kirche aufgenommen. Damit hatte er seine geistige Heimat gefunden . . .

————————

1931 hatte sich das kulturpolitische Klima Kölns völlig verändert. Konrad Adenauer, als Oberbürgermeister zuvor hochgelobt, wurde aufgrund des von ihm geschaffenen Grüngürtels samt den Ausstellungsbauten jetzt »ungeheure Verschwendungssucht« vorgeworfen. Den heftigsten Angriffen aber sah sich die Werkschule ausgesetzt.

Einem neuen Sparprogramm fiel unter anderem das Projekt eines Rheinischen Museums zum Opfer, für das Seewald vom Stadtrat bereits einstimmig genehmigte Fresken entworfen hatte, ferner wurden ablaufende Werkschulverträge der Professoren nicht mehr erneuert.

Seewald jedoch sollte bleiben, da eine Gruppe von Kölner Kunstfreunden erklärt hatte, für sein Gehalt aufzukommen. Er hätte nur in den Wintersemestern zu lehren brauchen, und er unterschrieb den neuen Vertrag — konnte dessen aber nicht froh werden und trat wenige Tage später davon zurück. Konrad Adenauer, den er um Verständnis dafür bat, gab ihn mit Dank für seine bisherige Arbeit frei.

Das Haus, das schöne Haus, wurde verkauft. Die Abreise aber wurde, da es nach der Schweiz ging, zur »Auswanderung«. Zuvor verbrachte er aber noch vier Wochen auf Norderney. Dort hatte Dominikus Böhm eine kleine schneeweiße Kirche gebaut, für die Seewald ein Altarbild malte. Es war, wie die Kirche, für die Kinder der zahlreichen Ferienkolonien bestimmt. Und es war sein erster kirchlicher Auftrag.

In der neuen Heimat

Jahr für Jahr wurde dem kleinen Refugium in Ronco Stück für Stück hinzugefügt. Nichts davon entstand auf dem Reißbrett eines Architekten, und so glich es einem lebenden Wesen, das unter liebender Obhut langsam wuchs.

Kurz nach dem Ausbruch des »tausendjährigen Reiches« machte sich Seewald zu einer langen Reise auf. Bevor es zu spät war, wollte er die »Grenzen des Abendlandes« mit eigenen Augen sehen. Die Route ging von Venedig zum Piräus, nach Stambul, wieder zurück nach Athen und von dort zum Heiligen Land. Auf der Heimfahrt kam er nach Zypern und Rhodos — und endlich nach Griechenland. Er entdeckte es neu, nachdem seit hundert Jahren, seit Karl Rottmanns Griechenlandbildern, kein Malerauge es mehr des Malens für wert gehalten hatte.

Die Löwen von Delos

Auf einer letzten Reise nach Berlin erkannte Seewald überdeutlich, daß das »Dritte Reich« nicht seine Heimat sein konnte, und beschloß, Schweizer Bürger zu werden.

Ronco im Tessin wird seine neue Heimat. Ruhe ist um ihn und Arbeit. Als der Pfarrer seiner Gemeinde den Vorschlag macht, gemeinsam die verfallene Annunciata-Kapelle wieder instand zu setzen, bietet er ihm an, sie mit Fresken zu schmücken. Im Juni 1936 kann er damit beginnen, und solange er daran arbeitet, hat er allein den Schlüssel zur Kapelle und läßt niemanden hinein.

Über den Altar malt er die »Verkündigung« und darüber die Vertreibung aus dem Paradies. Die Rippen der Kuppel werden dabei zu Bäumen, in deren Schatten blaue Hirschkühe liegen. Die Decke der Kirche hatte er rosa streichen lassen und zwei vertiefte Medaillons darin blau — in sie malt er Lilien und Rosen hinein, und über einem kleinen Seitenaltar läßt er die Madonna ihren Schutzmantel über Ronco ausbreiten. Der Gemeinde gefällt seine Malerei. Theologen, die sie sehen, machen den Herder Verlag darauf aufmerksam, der für eine Laienbibel einen Illustrator sucht, und so wird Seewald zum Schöpfer jener Bibelbilder, die — zunächst von der kirchlichen Hierarchie verdammt und von den Nazis als entartete Kunst verboten — nach dem Zweiten Weltkrieg auch mit englischen und französischen, mit japanischen und chinesischen Texten in die Welt hinausgingen.

Die Annunciata-Kapelle selber gibt es nicht mehr. Durch den Bau einer neuen Straße kam der ganze Berghang ins Rutschen; sie mußte abgetragen werden.

———————

Seewald aber wird unversehens auch zum »Komödienschreiber«. Im nahen Ascona hat ein Schweizer Schriftsteller eine Marionettenbühne gegründet, und wenn er auch der richtige Mann dafür ist, mangelt es ihm an geeigneten Stücken. Eine erste Aufführung im Hof eines alten Patrizierhauses mitten in Ascona strotzt von eindeutigen Peinlichkeiten, und jetzt wird Seewald um Rat gefragt. Noch in derselben Nacht hat er eine Idee und schreibt in drei Tagen ein Stück, das mit fieberhafter Eile vorbereitet wird. Er malt auch die Dekorationen dazu, schnitzt selber die Puppenköpfe — und dann geht der Vorhang über der Komödie »Entführung der Europa« auf . . . und sie wird einen ganzen Sommer lang gespielt. Zwei weitere Stücke erzielen in den nächsten beiden Jahren dieselben Erfolge und werden seitdem vielerorts, bis nach Tel Aviv hin, gespielt.

Unter dem Titel »Gestehe, daß ich glücklich bin« entstand aus Beiträgen, die er für die »Neue Zürcher Zeitung« geschrieben hatte, ein Buch, das mitten ins Tessiner Leben des Maler-Dichters führt. Einige Seiten daraus sahen sich in Schulbücher aufgenommen.

1939 schenkte die Gemeinde Ronco Richard Seewald das Ehrenbürgerrecht. Den Schwur auf die Verfassung der Republik Tessin und der Eidgenossenschaft leistete er in Bellinzona — und als der Zweite Weltkrieg ausbrach, beorderte ihn seine neue Heimat zur Musterung. Aber sein Herz schloß ihn auch in der Schweiz vom Waffendienst aus.

Die Neutralität war kein Geschenk, das der Schweiz in den Schoß fiel. Vor allem war es die »bewaffnete Neutralität«, die ihre Opfer forderte — ein permanenter Militärdienst und enorme Kosten für unzählige neue Forts, viele davon in die Felsen des St. Gotthard gesprengt. In den Nächten aber dröhnte der Himmel von Bombengeschwadern, die über das Land hinwegzogen. Ge-

»Das Geheimnis des Steins«
Ägyptische Marionettenkomödie

Mopsus: Herr, Herr, herauf mit mir!
Im Namen der himmlischen
Hapschisut. Er frißt mich!
Ti: Wer könnte dieser Anrufung
widerstehen?
So komm herauf!

hetzte Flüchtlinge versuchten, die rettende Schweiz zu erreichen. Maschinengewehrsalven knatterten vom jenseitigen Ufer des Sees.

Inmitten dieser düsteren Jahre malte Seewald seine Schweizer Kirchenbilder. Den Anstoß gab Bischof Caminada in Chur im Jahre 1942 mit dem Dekret, die große Altarwand der Maria-Lourdes-Kirche von Zürich-Orlikon zu schmücken, und dieser Auftrag eröffnete — um mit Seewald zu sprechen — eine lange Reihe seiner »Bilderbogen des lieben Gottes«. Ein Wort, das er aus Claudels »Seidenem Schuh« entlehnte. Einer der Aufträge führte ihn in das Lötschentaler Dorf Wiler.

Die Schutzpatronin der kleinen Kirche dort ist die »Regina Pacis«. Sie sollte er darstellen, und es wurde eine von den Dörflern völlig unerwartete Seewald-Allegorie daraus. Lassen wir sie von ihm selber schildern:

»Ich wählte die Form einer Schutzmantelmadonna. Die Friedenskönigin und ihr göttlicher Sohn tragen Ölzweige in den Händen. Zwei fliegende Engel breiten den schützenden Mantel aus, unter dem eine Schlange mit Hasen spielt, ein Adler eine Taube atzt, eine Wölfin ein Rehkälbchen säugt und ein Lamm zwischen den Klauen eines Löwen ruht. Im Hintergrund wehren weitere Engel die Pfeile des Bösen ab.«

Bei der Abreise schickte er sein Gepäck mit einem Maulesel voraus . . . und als er den Fuhrmann bezahlen wollte, wies dieser das Geld zurück: »Sie haben uns die Muttergottes gemalt!«

Dreimal noch schmückte er im Wallis Kirchen mit Bildern. Zuletzt die gotische Kirche St. Theodul in Sion mit großen Glasbildern. Seine Freunde nennen sie »die Seewald-Kathedrale«.

Die Professur in München

Zum ersten Mal nach dem Krieg betrat Seewald 1948 wieder deutschen Boden, als er zum siebenhundertjährigen Kölner-Dom-Jubiläum eingeladen war, an der Universität zu sprechen. Zuvor erlebte er mit 500 000 Menschen das zeitlose Antlitz der katholischen Kirche. Den päpstlichen Legaten begleiteten sieben ausländische Kardinäle, dreißig Bischöfe und Äbte, die römischen Nobelgarden und die Malteserritter vom Heiligen Grab, als man den Schrein mit den Reliquien der Heiligen Drei Könige in den Dom trug — und dies inmitten der Trümmer der zerstörten Stadt.

In seinem Hotel fragte mehrmals ein junger Maler namens Teuven vergeblich nach ihm. Als er ihn endlich antraf und von Seewald gefragt wurde, warum er ihn gesucht habe, sagte Teuven: »Um mich in Ihre Schwadron von Don Quichotte eintragen zu lassen!«

Seewald hat nie aufgehört, für diese Schwadron zu »werben«. Das tat er auch, als er 1950 nach Rom eingeladen war, um dort auf dem 1. Kongreß katholischer Künstler zu sprechen. Über den Inhalt seines Vortrags berichtet er selber: »Ich trug meine alte Donquichotterie vom Maß und der Mitte vor . . . als die heute einzig mögliche avantgardistische Haltung.«

Seine Rückkehr in das deutsche Kulturleben begann 1954. Eine Ausstellung im Luzerner Kunstmuseum zu Ehren Hans Purrmanns und zu Seewalds 65. Geburtstag wurde von der Kunsthalle Düsseldorf übernommen, ging dann nach Mannheim und danach in die Münchner Städtische Galerie.

Mopsus: *Es geht, es geht.*
Tata: *Was für ein Vieh!*
Mopsus: *Ich zieh, ich zieh.*
Tata: *Au, au, wie es beißt!*
Mopsus: *Keine Angst, daß es reißt.*
Tata: *Es gibt mir den Rest.*
Mopsus: *Halt mich nur fest.*

Sie war der Anlaß für das Angebot einer Professur an der Münchner Akademie der bildenden Künste mit der Einladung, möglichst bald zu kommen.

Seewald meinte, daß seine Lebenserfahrung und die, die er sich in der Kunst erworben hatte, mitzuteilen vielleicht der Mühe wert sei.

Seine Schüler dankten es ihm, und wie seinerzeit in Köln wurden sie rasch zu einer Seewald-Gemeinschaft.

Als aber 1958 im Präsidium der Akademie der Vorschlag auftauchte, den durch die Kasseler »Documenta« weithin bekannt gewordenen Kunsthistoriker Dr. Werner Haftmann zum Generalsekretär zu ernennen, damit er »Public Relations« mit dem Ausland pflege, widersprach Seewald heftig — war doch seines Erachtens derlei nicht die Aufgabe einer Akademie der bildenden Künste. Doch in einer geheimen Abstimmung erhielt der Vorschlag eine wenn auch geringe Mehrheit.

Daraufhin verließ Seewald die Akademie. Es entsprach ja seiner Gewohnheit, jede Gesellschaft zu verlassen, sobald sie ihm als nicht mehr gemäß erschien. Er schrieb also an das Kultusministerium, daß er seinen Vertrag kündige, und führte seine Gründe dafür an.

Für ihn schien das Ganze damit erledigt — doch sah er sich danach gezwungen, sein Kündigungsschreiben der Presse zu übergeben. Es wurde veröffentlicht und fand unerwarteten Widerhall. Nicht nur aus München, aus allen Teilen Deutschlands trafen Sympathie-Erklärungen, Telegramme, Briefe, Karten und Telefonanrufe ein. Unbekannte Hände streckten sich auf der Straße ihm und sogar seiner Frau entgegen.

Seine Schüler — zu Beginn hatte er fünf gehabt, und jetzt, da er die Akademie nach vier Jahren verließ, waren fünfzig daraus geworden, die höchste Anzahl unter allen Klassen —, seine Schüler bereiteten ihm ein großes Abschiedsfest. Drei Tage lang hatten sie bis an die Decke hinauf das riesige Atelier in ein heiteres Griechenland verwandelt. Bettlaken um die Schultern, griechisch drapiert, geleiteten sie ihn zu einem Tempel, in dem ein Ruhebett stand, und nach einer Argonautenparodie wurde bis in den Morgen getanzt und getrunken.

*Chinesischer Turm
im Englischen Garten,
München*

*Casa del Leone
Das alte Haus in Ronco*

Es folgten Jahre der Gärung in der studentischen Jugend, die in der Kunstakademie ihr Zentrum fanden. Am Ende mußte die Polizei die Akademie besetzen.

Seewald schrieb damals: »Es ist das Recht jeder Jugend, revolutionär zu sein, fast möchte ich sagen: ihre Pflicht. Dazu gehört aber eine Autorität, gegen die sie gerichtet ist . . . diese Autorität aber gab es nicht. So kam es, gemäß dem Gesetz aller Revolutionen ohne Ziel, daß diese in die Anarchie fiel.«

Pudel

In München und in Ronco

Im Münchner Hofgarten waren die Arkaden wiederaufgebaut. Im Auftrag König Ludwigs I. hatte seinerzeit Karl Rottman für deren Westseite 28 Fresken italienischer Landschaften geschaffen. Die Nordseite wurde von Heinrich Heß mit Szenen aus dem griechischen Freiheitskampf geschmückt, während Ludwig I. hier griechische Landschaften sehen wollte, um diese Wände davon künden zu lassen, daß »im Anfang Griechenland« war. Das konnte jetzt verwirklicht werden. Levin Freiherr v. Gumppenberg, Präsident der Bayerischen Verwaltung der staatlichen Schlösser, Gärten und Seen, sah in Seewald dem »Griechen« den Maler dafür — der begeistert zustimmte, für die Plazierung seiner Fresken aber andere Felder als die in Aussicht genommenen vorschlug. Außerdem sollten darunter klassische Verse stehen. Levin v. Gumppenberg war auch damit einverstanden. Er überließ Seewald sogar deren Auswahl . . . und so reichen die Dichter von Homer, Pindar und der Sappho bis zu Goethe und Hölderlin. Im Anfang recht kühl aufgenommen, sind die Fresken inzwischen zu einer Sehenswürdigkeit Münchens geworden.

———————

In Ronco hatte Seewald ein neues Haus gebaut, da das alte, geliebte sich als zu unbequem für seine Gattin erwies. 1958 fertig, öffnet es sich auf eine große

Katzen

37

Terrasse, von der der Blick ungehindert von aller »gezähmten Wildnis« des weiten Gartens über den See zum anderen Ufer schweift. Weit nach Süden, wo der Lago Maggiore sich »zum Mittelmeer« wandelt.

Am 4. Mai 1967, dem Geburtstag des Malers, am Himmelfahrtstag, starb die geliebte Frau. Das halbe Dorf folgte dem Sarg, der von Männern getragen wurde, die sie noch als Knaben gekannt hatte.

Nach dem Begräbnis verbrannte Seewald rund 150 Bilder, darunter das Mittelstück seines großen Triptychons »An die Tiere«, das er 1918 in Fürstenzell bei Passau gemalt hatte. Er verbrannte Hunderte von Skizzen und Entwürfen und seine Korrespondenz samt den Kritiken aus seinem Malerleben . . .

Noch im gleichen Jahr kostete ihn ein Straßenunfall in München beinahe das Leben.

Die einstige gemeinsame Wohnung in der Leopoldstraße war ihm verleidet. Da fiel ihm gleich einem Geschenk des Himmels eine Wohnung in einem kleinen klassizistischen Gartenhäuschen zu, das vielleicht noch von Klenze selber erbaut wurde. Im Schatten der Ludwigskirche, vom Krieg halbzerstört und wiederaufgebaut, hat er ein Tuskulum, in dem er seitdem jeden Winter einige Monate verbrachte.

Seewald glaubte, am Ende seines Weges zu stehen . . .

. . . da erschien eines Tages Stadtpfarrer Fritz Betzwieser von der Herz-Jesu-Kirche in Neuhausen bei ihm und schlug ihm vor, Glasfenster für seine Kirche zu machen. Es wäre eine besondere Kirche. Und in der Tat wunderte sich der Maler über die etwas ungewohnte Architektur wie darüber, daß sie aus Holz gebaut ist . . . und da hörte er, daß der Bau — das Privatkino Adolf Hitlers auf dem Obersalzberg gewesen sei und erst dann zur Kirche umgebaut wurde. Und Seewald ließ sich durch die Weisheit des jungen Priesters überreden, daß die Annahme dieses Auftrags seinem Leben wieder einen Sinn geben würde — und schuf für die beiden Fensterreihen Darstellungen aus dem Alten und dem Neuen Testament.

Ende 1973 dann zeigte im Hinblick auf seinen kommenden 85. Geburtstag die Münchner Galerie Wolfgang Ketterer Seewald-Werke aus der Zeit von 1912 bis 1973, dazu erschien ein bemerkenswerter Katalog. Kleine Galerien folgten, doch keines der Museen.

Aber die »Katholische Akademie in Bayern« gab in ihren Münchner Räumen Ende 1974 eine umfassende Seewald-Ausstellung unter dem Thema »Kunst in der Kirche«, gleichfalls mit einem reichbebilderten Katalog, dem Franz Henrich ein Vorwort und Richard Seewald einen Beitrag »Über die Möglichkeit einer christlichen Kunst in unseren Tagen« mitgaben. Diese Ausstellung umfaßte auch Zeichnungen, mit denen der Maler zu seinen Anfängen zurückkehrte: Allegorien — insgesamt siebzehn Federzeichnungen — zu einem »Orbis Pictus«.

—————

In demselben Jahr verließ er — seinem alten Gesetz folgend — eine Institution, die ihm nicht mehr als »gemäß« erschien . . . nämlich die Bayerische Akademie der schönen Künste.

Hatte aber schon zu seinem 80. Geburtstag ein Seewald-Film von Manfred Schwarz im Bayerischen Fernsehen größten Beifall gefunden, schuf zum 85. Heinz Dieckmann vom Zweiten Deutschen Fernsehen den Film: »Glanz des Mittelmeers — der Maler Richard Seewald«. Behutsam im Wort und mit Aufnahmen, die Seewalds Refugium in Ronco, ihn selber und seine Bilder zu

Die Bavaria in München

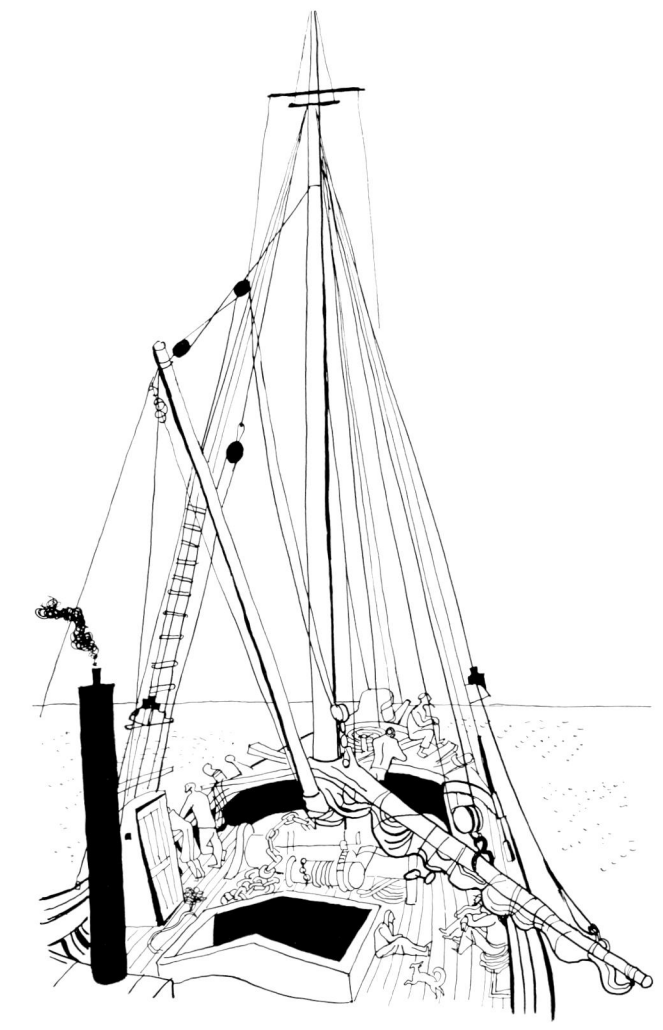

An Bord der »Grigorios«

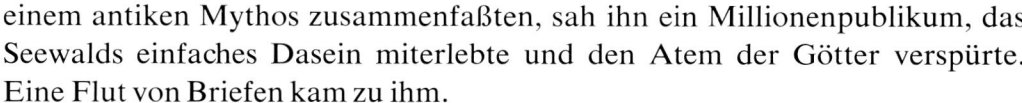

Bauerngehöft in der Toskana

einem antiken Mythos zusammenfaßten, sah ihn ein Millionenpublikum, das Seewalds einfaches Dasein miterlebte und den Atem der Götter verspürte. Eine Flut von Briefen kam zu ihm.

1975 gelang es dem Münchner Pfarrer Fritz Betzwieser wiederum, Seewald zu überreden. Diesmal sollte er ihm den Gemeindesaal des neuen Pfarrhauses mit Fresken schmücken — und der Maler konzipierte einen fünfteiligen »Genesis-Zyklus«, während er nach einem neuen Unfall mit drei gebrochenen Wirbeln seines Rückgrats in einer Klinik in Locarno lag. Wie durch ein Wunder nach fünf Wochen geheilt, gelang es dem beinahe 87jährigen, die Fresken in pausenloser Arbeit zum Osterfest des Jahres 1976 zu vollenden . . . Das Ergebnis ist die Summe jahrzehntelanger Erfahrungen und besitzt gleichzeitig eine Frische und Unmittelbarkeit, die diesen Genesis-Zyklus mit zum köstlichsten Besitz moderner Sakralkunst zählen lassen.

— — — — —

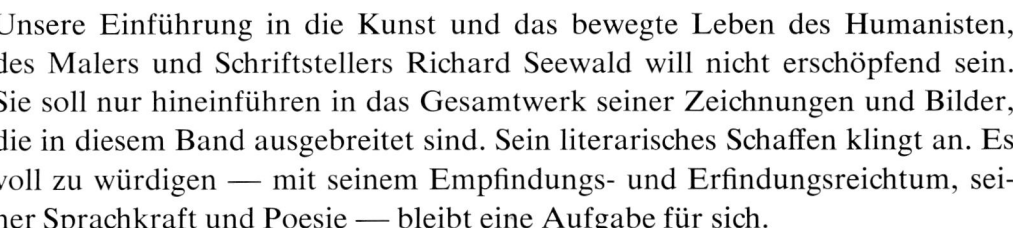

Unsere Einführung in die Kunst und das bewegte Leben des Humanisten, des Malers und Schriftstellers Richard Seewald will nicht erschöpfend sein. Sie soll nur hineinführen in das Gesamtwerk seiner Zeichnungen und Bilder, die in diesem Band ausgebreitet sind. Sein literarisches Schaffen klingt an. Es voll zu würdigen — mit seinem Empfindungs- und Erfindungsreichtum, seiner Sprachkraft und Poesie — bleibt eine Aufgabe für sich.

Ein Weltbürger und ruheloser Reisender, hat er mit seinem Wohnsitz in Ronco sein persönliches Leben nach seinem Sinn gestaltet. Nomen est omen. See glänzt unter ihm, und die Bäume seines Waldes umstehen sein Haus . . . »geborgen unter breiten Blättern wie in einer grünen Höhle«.

Eine Höhle sollte auch seine Arbeitsstätte, sein Atelier sein. Seine ureigene Höhle, die jener Forderung der klassischen Philosophie entspricht, »daß das Innere das Äußere und das Äußere das Innere sei«. Über die Tür hat er die Worte Petrarcas geschrieben:

TRANSALPINA SOLITUDO MEA JUCUNDISSIMA.

Herakles (Villa Rotonda)

Nacht

Ronco

Nun, um einen Maler richtig kennenzulernen, muß man ihn, einer alten Erfahrung gemäß, in seinem Atelier besuchen. Zugegeben, es ist Neugier dabei. Da Seewald jedoch selber einmal geschrieben hat, daß in dieser Neugier »angewandte Psychologie oder eigentlich Physiognomik stecke«, sei nicht gezaudert . . .

An der Straße, die sich den Steilhang nach Ronco hochwindet, heißt es achtzugeben, um ein niedriges Eisengitter nicht zu übersehen, hinter dem verwitterte Steinstufen hochführen in Seewalds grünes Dschungelparadies. Zuerst zur alten Casa del Leone, die ihren Namen trägt von einem senffarben schimmernden Keramiklöwen, der hier auf einem Pfeiler Wache hält. Links oben ist hinter dichtem Laub das neue Haus zu entdecken, und rechts von ihm, noch ein Stück höher am Berghang, liegt das Atelier.

Es ist wie das alte Haus ein »gewachsener« Bau. Seine Proportionen waren vorgegeben, denn die Mauern wurden auf dem Fundament eines alten Stalls aufgeführt.

Die weiß gestrichenen Wände innen verschwinden unter der Fülle von daran gehefteten Zeichnungen und Fotografien, die Seewald seine »Ahnengalerie« nennt. (Griechen sind es, Lateiner und Deutsche. Das Relief der trauernden Athene ist darunter von der Akropolis, Signorellis »Adoration des Pan« aus Berlin, Piero della Francescas schwermütiger »Traum des Konstantin«, Brueghels »Sturz des Ikarus« und eine »Betrachtende« an einem Meer voll Schiffen von C. D. Friedrich, ganz rechts »Die drei Glücklichen« des Zöllners Rousseau. Zwischen sie hat sich ein Bildnis verirrt, der Bauernschädel Don Boscos.)

Eine alte kolorierte Karte von Zypern und Inseln des Archipelagos ist irgendwo angeheftet. Ein Schrank mit tiefen Fächern quillt von Zeichnungen, Aquarellen, Druckgraphiken über. Mappen, Zeitschriften, Bücher häufen sich überall — und über dem Kamin hängen in drei Reihen Seewalds siebenunddreißig Tabakspfeifen. Stapel von Bildern lehnen an einer Wand. Zwei Staffeleien stehen in der Mitte des Raumes, auf einem Fensterbrett und dem Mappenschrank haben sich ganze Rudel von schön geformten, bauchigen Krügen aus aller Herren Länder zusammengefunden.

Lange noch nicht ist alle Vielfalt erfaßt, auch irrt der Blick ständig ab zu einem gelbbraunen Kachelofen, der aus jenem Bauernhaus bei Passau stammt, das die Seewalds zwei »bukolische Sommer« lang beherbergt hat, und der als »Denkmal« bezeichnet wird, weil er auf gemauertem Sockel steht, Säulen aufweist und oben von einer antiken Vase gekrönt wird, neben der ein Löwe lagerte. Derselbe Löwe, der zum Symbol und Hüter der Casa del Leone geworden ist.

In diesem Atelierraum also, in dieser Wunderhöhle zeichnet und malt Richard Seewald.

Ein weißhaariger Weiser. Ein Eremit. Ein Hieronymus im Gehäuse, magisch eingeschlossen in seine Welt der Gesichte und Träume. Weltentrückt. Versunken wie einst in die Blumentapete seines Kinderzimmers, in deren Ranken er sich verlief und aus denen er niemals ganz zurückgekommen ist . . .

41

Abschied

Ende September 1976 kam eine große Seewald-Ausstellung in Köln, an deren Eröffnung er teilnehmen wollte. Doch trat ein »anderer« Seewald als sonst diese Reise an. Bevor er sein Haus verließ, hatte er im Wohnraum die Schlüssel auf den Tisch gelegt.

War es eine Vorahnung, daß er sie nicht mehr, nie mehr benötigen würde, die ihn dazu veranlaßte?

Das Wichtigste, was ihm am Herzen gelegen war, hatte er getan: die notarielle Errichtung einer seit langem geplanten »Uli und Richard Seewald-Stiftung«, deren Verwaltung der öffentlich-rechtlichen schweizerischen Stiftung PRO HELVETIA anvertraut ist. Sein Tessiner Haus und Garten soll Künstlern jeder Nationalität zu Erholung oder stiller Arbeit offenstehen. Ferner sollen ein Teil seiner Kunstsammlung und eine Auswahl seiner eigenen Werke in der Casa Serodine in Ascona ständig zugänglich gemacht werden. Seewald will mit dieser Stiftung seinen Dank an die Schweiz ausdrücken.

Seine Tagebücher und Aufzeichnungen aber, seine Manuskripte und Skizzenbücher wie seine gesamte Korrespondenz hat er dem Germanischen Nationalmuseum in Nürnberg hinterlassen — als Dank dafür, daß er der, der er war, in Deutschland geworden ist.

————

Die Kölner Ausstellung in der Galerie für moderne Kunst im Kunsthaus Lempertz beginnt am 24. September. Sie vereint Gemälde, Aquarelle, Handzeichnungen und Druckgraphik, an deren Hängung Seewald selber noch maßgeblich mitgewirkt hat. Sein Vorwort zum Katalog »Meine Kölner Jahre« atmet Frische und gibt für die Zeit von 1924 bis 1931 einen derart dokumentarischen Rückblick, daß es vom »Rheinischen Merkur« und anderen Zeitungen übernommen wird.

Aber in dem Katalog steht eingangs auch der Vermerk, daß »Seewald diese Ausstellung als die letzte von ihm selbst mitgetragene betrachtet«. Von diesem melancholischen Hauch ist während der Vernissage nichts zu spüren. Am Vortragspult stehend, gibt er eine brillante Einführung, tauscht hernach mit alten Freunden Erinnerungen aus, ist Mittelpunkt eines vielhundertköpfigen Publikums — und erlebt gleichzeitig eine Vielzahl von Ankäufen, die jede Erwartung weit übertrifft.

Der Erfolg überglänzte die kommenden Wochen in München, in deren Mittelpunkt der Seewald-Band stand, dessen Vorbereitungen schon weit gediehen waren. Ausgangspunkt der Monographie bildete das umfangreiche Manuskript seiner Lebenserinnerungen. Wegweisend. Mit Formulierungen, so eindringlich, daß sie vielfach übernommen werden mußten. Dazu kamen lange Gespräche in Ronco und München, kam eine gemeinsame intensive Arbeit, die von Seewalds Temperament getragen wurde und nun ihren Abschluß fand. Danach gab er noch typographische Anregungen und hatte die Freude, einen großen Teil der inzwischen fertiggestellten Farbwiedergaben zu sehen.

Und dann kam jener Freitag vom 29. Oktober 1976, an dem er über Schmerzen klagte und ein herbeigerufener Notarzt ihn sofort in das nahe gelegene Krankenhaus Josefinum bringen ließ. Es war Mittag — und abends um 20 Uhr ging nach einem Herzinfarkt Richard Seewald für immer von uns.

Oberhalb der Kirche von Ronco liegt der Friedhof, auf dem er neben seiner Frau bestattet ist. Weit öffnet sich von dort der Blick zum Lago Maggiore . . .

». . . mittelmeerisch ist die Landschaft unten am See, wo dicke Melonen reifen unter den Rebengeländern, die schwer voll Trauben hängen, wo Palmen ihre starren Federwische im Winde rascheln lassen und Urwälder von Mais ihre gefiederten Schöpfe wehen; Kakteen und Agaven drängen sich aus den Spalten der erhitzten Felsen.«

Die Zeilen finden sich in dem Seewald-Buch:

GESTEHE, DASS ICH GLÜCKLICH BIN

Tempeltor auf Naxos

Zeichnungen und Druckgraphik

Triest, 1912

Eine vollendete Impression. Das Auge ergänzt, was der Zeichner »unterschlagen« hat. Eine Skizze? Nein, eine vollendete Kalligraphie. Dreiundzwanzig Jahre alt war Richard Seewald, als er die »Kunst des Weglassens« bereits meisterhaft beherrschte. Aus einer ganzen Reihe ähnlich traumhaft sicher erfaßter Motive gab der Kurt Wolff Verlag im Jahre 1914 in einer Mappe zehn Blatt unter dem Titel »Die fröhlichen Städte« heraus.

Holzschnitte von Seewald

Die Motive: zwei Gäule, die an starrer Deichsel einen Wagen über einen eckigen Anstieg ziehen, eine revolutionäre Straßenszene mit Häusern, die zu taumeln scheinen, ein Badestrand, Akrobaten, Boote, eine Bahnhofeinfahrt, eine Straßenecke — nicht mehr und nicht weniger als eine Straßenecke — und endlich Tiere auf der Weide und ein Stück Sonnenschein über einer Landschaft. Kurz: Stücke des Alltäglichen, allzu Alltäglichen. Der Ausdruck: ein Versuch, daran ein Schema einer Vision zu bewähren. Vision, weil in dem Banalen etwas Rätselhaftes gefunden wird. Schema: weil das Merkwürdige auf eine Arabeske reduziert werden will. Mit zwei Worten: neue Kunst. Diese Holzschnitte sind nur eine Stimme im Chor der neuen Zeit. Wir wollen keine Hyperbel sagen, sondern die Sache sachlich bezeichnen. Diese Arbeiten sind nicht vordringende Dinge. Sie sind stille Leistungen eines persönlichen Talents, das in der Zeit lebt und sich innig bemüht, die Sprache der Zeit für sich, für den Ausdruck der eigenen Empfindung durchzubilden.

Dies Temperament ist nicht stürmisch, sondern intim. Es ist — innerhalb der neuen Kunst — nicht Umwälzung und Eroberung, sondern fast konservativ. Es hat die gesammelte Aufmerksamkeit des petit maître. Das soll nicht heißen, daß diese Holzschnitte nichts Neues zu Tage brächten. Wohl sind sie im Zusammenhang der allgemeinen Bewegung und wohl sind sie mehr auf ein zartes Dienen als auf ein robustes Angreifen gestimmt, aber sie wurzeln in einer originalen Empfindung. Das Intime ist nicht das Unpersönliche. Und wenn man Unpersönliches fände, wäre es darum ohne weiteres ein Unerlebtes? Man kann vielleicht sagen, daß die neue Kunst Unpersönliches will. Sie will ein neues Niveau. Sie will nicht — wie sehr oft falsch gesagt wird — den ungedämpften Ausbruch der individuellen Natur, nicht die subjektive Explosion, sondern gewissermaßen etwas Konventionelles, innerhalb dessen sich das Persönliche geräuschloser, aber nicht empfindungsloser auslebt. Das Kalligraphische dieser Holzschnitte hängt mit diesem Willen zusammen. Aber das Kalligraphische ist hier nicht das Einzige. Die Formel einer Situation ist hier nicht nur reinlich geschrieben, sondern auch aus dem Augenblick, aus dem speziellen Gefühl heraus gewonnen.

Diese Holzschnitte sind Dokumente, die man in ruhigen Augenblicken umblättert und an denen man zwar nicht die höchste Temperatur, wohl aber den psychologischen und formalen Standard der Zeit ermißt. Das ist viel bewegender, als man denkt. Darum sind sie des Interesses wert. Und darum werden sie Freunde finden, die das Wesentliche und das Sympathische daran erkennen.

Wilhelm Hausenstein

Revolution

Auflage 3000 — **Zweiwochenschrift** — **Preis 10 Pfg.**

Jahrgang 1913 — Verlag: Heinrich F. S. Bachmair

Nummer 1 — **München** — 15. Oktober

Richard Seewald: Revolution
(Original-Holzschnitt)

Mitarbeiter:

Adam, Hugo Ball, Johannes R. Becher, Gottfried Benn, Franz Blei, Max Brod, Friedrich Eisenlohr, Engert, Leonhard Frank, John R. v. Gorsleben, emmy hennings, Kurt Hiller, Friedrich Markus Hübner, Philipp Keller, Klabund, Else Lasker-Schüler, Iwan Lazang, Erich Mühsam, Heinrich Nowak, Karl Otten, Sebastian Scharnagl, Richard Seewald und andere.

Zu Heft 1 der Zweiwochenschrift »Revolution« (Umfang acht Seiten) gab Seewald mit seinem Holzschnitt einen themagerechten Beitrag. Wie aus der Inhaltsangabe auf der Titelseite zu erkennen ist, war das Ganze überaus literarisch betont. Doch schloß ein Gedicht von Klabund mit den Zeilen: »Soll ins Land der Klöppel donnernd hämmern — Morgenrot! Klabund! Die Tage dämmern!« . . . und in Erich Mühsams Meditation über das, was »Revolution« ist, fanden sich die Hinweise: »Tyrannenmord, Absetzung einer Herrschergewalt, Etablierung einer Religion, Zerbrechen alter Tafeln (in Konvention und Kunst)«.

Die Zeitschrift wurde verboten — aber nicht aufgrund ihres revolutionären Inhalts, sondern wegen (angeblicher) Unsittlichkeit der Novelle von Leonhard Frank »Der Erotomane und diese Jungfrau«. Diese Zweiwochenschrift erschien in Schwabing. Man schrieb das Jahr 1913.

Ludwigstraße.
Holzschnitt. 1913.
Originalgröße

Sodom und Gomorrha.
Holzschnitt,
handkoloriert. 1914.
Originalgröße

47

Nie vergaß Seewald die Provence:

»Die Nahrung unserer Augen waren die wie Brot in der Sonne gebackenen gesprenkelten Hügel und röteren Vorgebirge, die in ein ultramarinblaues Meer abbrachen, das bunte kleine Häfen, Scharen von Küstenseglern und Fischerbarken umarmten . . .
Zwischen Hecken grauer Agaven lagen vor uns weiße Landstraßen, auf denen kleine Esel trabten und hochrädrige Karren den Staub aufwirbelten, der noch lange in der Luft hing . . .
Hier in Cassis erlebten wir den Einsturz des Himmels; erlosch eine Welt des letzten wirklichen Friedens, denn wie anders will man die Wirkung des Ersten Weltkrieges verstehen, der wie der Ausbruch eines Vulkans die blühenden Weingärten unseres Vorkriegsdaseins mit seiner glühenden Lava für immer verbrannte und unter seiner Schlacke begrub.«

Bar in Cassis.
Holzschnitt,
handkoloriert. 1914.
Originalgröße 17 x 19 cm.
Im Besitz der
Städtischen Galerie,
München

49

Bahnhof. Holzschnitt. 1913. Originalgröße

Jahrmarkt. Holzschnitt. 1913.
Originalgröße

Auf Korsika (Fuhrwerk). Holzschnitt. 1913. Originalgröße

Strand. Holzschnitt. 1913.
Originalgröße

Bildnis Professor Worringer.
Bleistiftzeichnung. 1924

Rechte Seite:
Titel der Zeitschrift WIELAND (Format 34 x 28,5 cm),
Heft 3, 1920

Sonderheft »Richard Seewald«. Zu den darin abgebildeten
Landschaften und Tierbildern (Aquarelle und Zeichnungen)
schrieb *Kurt Pfister:*
»Es ist gut, bisweilen den asphaltenen Dunst der Städte zu
vergessen. Draußen geschieht Morgen und Nacht und Mittag,
Frühling und Sommer, das Leben der Tiere und Gräser wie
Frucht, die blüht und reift und niederfällt.
Richard Seewald ist der Bukoliker einer Zeit, die vom Lärm
der Städte dröhnt.
In diesen Bildern und Blättern lebt die Erde als Gottes Kreatur.
Die Schicksale, die ihnen der Schöpfer als ihr Sein und Wesen
mitgab (denn ihr Schicksal gleicht ihrem Sein), geschehen.
Und die Landschaft löst sich leicht und kristallen wie Odem
aus dem Munde des Herrn . . .«

Bildnis des Komponisten
Leone Fürst Massimo.
Bleistiftzeichnung. 1924

JAHRGANG VI

HEFT 3

53

»Rehe sind geträumte Tiere. Ich weiß nicht, durch welches Glück in unserem entarteten Europa noch solche Tiere leben. Sie scheinen aus persischen oder indischen Miniaturen zu kommen, und der feine Pinsel eines alten chinesischen Malers hat mit leichtem und sicherem Strich die geschwungenen Kurven ihres Rückens und Halses, das bewegliche Spiel ihrer zerbrechlichen Beine gebildet. Ihre Bewegungen sind von so vollendeter Anmut, daß jede Wendung ihres beweglichen Halses, jedes Schreiten auf ihren zierlichen Beinen eine neue Silhouette formt von unendlicher Harmonie. Wenn sie jung sind, haben sie das Fell des Pardels; dann wohnen sie mit ihrem Zwillingsbruder unter Blättern, in kühlen Höhlen aus großen grünen Blättern mit blauen Schatten.«

(Seewald: »Tiere und Landschaften«.)

Hund und Schaf.
Holzschnitt. 1916. Originalgröße

Rehkitz.
Holzschnitt. 1917. Originalgröße

54

»Wie ich die Tiere beneide, die
keine Langeweile kennen, die Kuh
auf der Wiese, wie sie im Gras liegt
und in ihrem Maule die Zeit zer-
mahlt. Ihr rundes, junonisches Auge
ist nichts als ein gewölbter Spiegel,
der die Dinge der Welt unbeteiligt
zurückwirft. Sieh da, die Haltung des
wahren Künstlers? Adieu, ihr Blicke
durch die Gitterstäbe des Leibes.
Ich will die Zeit wiederkäuen wie
die Kuh das gefressene Gras.«

(Seewald: »Neumond über meinem Garten«.)

Kuh. Lithographie. 1921

Kuhstall. Holzschnitt. 1918. Originalgröße

55

Eselherde. Farbstiftzeichnung. 1921. 36 x 50 cm.
Privatbesitz.
Vorstudie zu einer gleichnamigen Lithographie in sechs Farben
und demselben Format

»... Am meisten liebe ich die kleinen grauen mit großem
Kopf, der schwarzen Zeichnung über den Schulterblättern, den
hellen Flecken um die tiefschwarzen Augen, der weißlichen
Schnauze mit den schwarzen Lippen und Nüstern, dem weiß-
lichgelben Bauch und den kurzen Beinen, die an der Innenseite
hell gefärbt sind, die mit winzigen Schritten Karren ziehen,
deren Räder doppelt so groß sind wie sie selbst, oder Reiter
tragen ganz hinten auf dem Kreuz, deren Füße den Boden be-
rühren und unter deren Last sie zusammenzubrechen scheinen.
Aber es gibt noch unzählige Arten: große und kleine, zierliche
und plumpe, es gibt schwarze und braune, rehfarbene und
zimtfarbene, gefleckte und solche mit einer leichten Zeichnung
von Streifen an den Beinen wie Zebras.«

(Seewald: »Tiere und Landschaften«.)

Salamander. Holzschnitt. 1918. Bildgröße: 11,5 x 12,2 cm.
Handkoloriertes Blatt. Im Besitz der Städtischen Galerie, München

Segelboote am Strand (Rügen).
Holzschnitt. 1921.
Bildgröße: 24,8 x 29,5 cm

Das Rote Meer.
Holzschnitt. 1914.
Originalgröße.
Handkoloriertes Blatt

Segelbarken (Elba). Holzschnitt. 1922. Bildgröße: 30,2 x 34 cm

NEUE KUNST HANS GOLTZ
MÜNCHEN BRIENNER STR. 8
50. AUSSTELLUNG
FEBRUAR – MÄRZ
1919

RICHARD SEEWALD
DAS GRAPHISCHE WERK 1912 – 1918

Den Wanderern.
Lithographie. 1919.
Bildgröße:
41,5 x 32,5 cm

Linke Seite:
Umschlag zum Ausstellungskatalog
»Neue Kunst Hans Goltz«.
Lithographie. 1919. Originalgröße

Der Seiltänzer.
Kaltnadelradierung. 1912.
Originalgröße

Katze.
Kaltnadelradierung. 1918.
Originalgröße

Oben:
Passau. Kaltnadelradierung. 1917. Originalgröße
Unten:
Junge auf dem Pferd. Kaltnadelradierung. 1914. Originalgröße

Badende am Lago Maggiore. Kaltnadelradierung. 1919. Bildgröße: 15,6 x 19,6 cm

»ASCONA 1919 . . . Endlich geboren aus dem dunklen Schoß des Gotthard, tut das südliche Herz seinen ersten Schlag: Airolo. Jetztab pocht es stärker, nachahmend den beschwingteren Rhythmus der Räder des abwärtsstürmenden Zuges. Rechts, links abrollen die Bänder der immer heißeren Landschaft: Kastanien, Wein, Mais, Häuser und Kirchen.
Die letzte Stunde der Fahrt gleicht einem Triumphzug. Es ist die Stunde selbst der gewaltigen Sonne: Mittag. Der Zug ist gefüllt mit lachenden Menschen, jungen Burschen, deren Heiterkeit ohne Grund zu sein scheint, deren unverständliches Geschrei das Stampfen der Räder übertönt. Das Sausen der fahrtgepeitschten Luft erfüllt das Hirn mit glücklicher Trunkenheit. Trunken ist auch die Welt. Sie bäumt sich unter der gewaltigen Umarmung des strahlenden Gestirns, des tanzenden. Wogen der Fruchtbarkeit umbranden den Zug. Guirlanden von Wein umkränzen die Füße der Berge. Urwälder, Dschungeln von Mais, deren fleischfarbene Büschel in der glühenden Luft zittern, ertränken die bunten Reihen arbeitender Menschen. Die graue klassische Pappel und die silberne Weide spiegeln sich im Sumpf des Deltas. — Jetzt weht ein leichter Wind. Unendliches Blau tut sich auf: der See, il Lago Maggiore! Wäre es ein Wunder, wenn gewaltigen Sprunges der ganze Zug hinein sich stürzte, um seine Heiterkeit zu kühlen, sein heißes Herz erschauern zu lassen in der leichten Frische der Wellen?«

(Seewald: »Tiere und Landschaften«.)

Ronco.
Kaltnadelradierung. 1915.
Originalgröße

Ochsengespann.
Kaltnadelradierung. 1921.
Bildgröße: 17,6 x 23,6 cm

65

Pan und Syrinx.
Federzeichnung. 1932.

KOLLEKTIV AUSTELLUNG RICHARD SEEWALD

MÜNCHEN
GALERIE THANNHAUSER
NOV. 1920

1 Varieté 1912
2 Hafen von St Florent (Corsika) 1913
3. Tiere unter Ölbäumen (Corsika) 1913
4. Landschaft bei Martigues (Süd.Frankr.) 1914
5. Cassis mit Palme (Süd.Frankreich) 1914
6. Blumenstrauß 1914
7 Stilleben auf Schachbrett 1915 (Privatb.)
8. Kapelle im Walde 1915/16
9 „An die Tiere" 1917/18
10 Pappelallee 1918
11. Ei, Kürbis, Krug 1918
12. Kakteeen 1918
13. Straße am Felsen (Ascona) 1919
14. Der Lago Maggiore 1919 (Privatbesitz)
15. Hirsche und Schlange 1919 (n. Baldung) unverk.)
16 Arnolandschaft 1920
17 Straße nach Massa 1920 (Privat bes)
18. Ölbäume 1920
19. Toscaner Landschaft 1920
20 Signa 1920
21 Eselheerde 1920 (Privatbesitz)
22. Lastra 1920
23 Waldausblick 1920
24. Bauernhaus 1920
25 Haus und Hügel 1920
26 Landschaft mit Strohmiete 1920
27 Landschaft mit Maisfeld 1920
28. Berg mit Ölbäumen 1920
29. Brücke 1920
Aquarelle . Holzschn. Lithogr. Radierungen
Entwürfe zu Glasmalereien

Eigenprospekt für die Galerie Thannhauser. Lithographie, handkoloriert. 1920. Format: 23 x 29,5 cm

Für diese Kollektive im November 1920 hat Richard Seewald die Titel seiner insgesamt neunundzwanzig ausgestellten Bilder samt deren Entstehungsjahren handschriftlich aufgeführt. Dazu kamen Aquarelle, Holzschnitte, Lithographien, Radierungen und Entwürfe zu Glasmalereien. Der damals Einunddreißigjährige zeigte eine bedeutende Ausstellung, die ihm Erfolge und Aufträge brachte (siehe Seite 28 der Monographie). Der handkolorierte Ausstellungsprospekt hatte eine numerierte Auflage von nur zwanzig Blatt.

Eselreiter. Lithographie. 1919. Bildgröße: 14,3 x 12,7 cm.
Beilage im Katalog zur 50. Ausstellung »Neue Kunst Hans Goltz«

Das kristallinische Naxos.
Federzeichnung aus zehn im Jahre 1968
entstandenen »Griechischen Visionen«.
Bildgröße: 45,5 x 60 cm.
Privatbesitz

Windbrunnen auf Rhodos.
Federzeichnung

und wurden genährt mit dem Fleisch der Fremdlinge

Landschaft bei Montepulciano. Bleistiftzeichnung. 1951.
Signiert. Mit Farbangaben. Bildgröße: 24 x 44,8 cm.
Privatbesitz

Links:
Die Rosse des Diomedes. (Aus dem alten Bestiarium.)
Bleistiftzeichnung. 1932. Signiert, betitelt und datiert.
Bildgröße: 33,5 x 30,3 cm.
Privatbesitz

Siena. Bleistiftzeichnung. 1947.
Signiert. Mit zahlreichen Farbangaben.
Bildgröße: 28,5 x 44,5 cm.
Privatbesitz

Naxos. Asphodelos-Landschaft.
Bleistiftzeichnung. 1954.
Rückseitig betitelt und datiert.
Bildgröße: 23,6 x 31,4 cm.
Privatbesitz

Die Colonaden des Coloseums oder Der Sturmwind
gewidmet den Wetterfahnen und den Parlamentariern

»Die Colonaden des Coloseums oder Der Sturmwind
gewidmet den Wetterfahnen und den Parlamentariern«.
Federzeichnung aus der Mappe ROM. 1972

Die großen Seeschlachten. Rohrfederzeichnungen. 1971. Bildgrößen bis etwa 48,5 x 63 cm. Alle Originale in Privatbesitz

DIE GROSSEN SEESCHLACHTEN

Aus einer Folge von insgesamt acht Blatt sind hier sechs vereint. Seewald hat »Die großen Seeschlachten« gezeichnet und beschrieben — erschienen ist das Ganze in der »Neuen Zürcher Zeitung« vom 23. April 1972.
Nachstehend die Vorrede Seewalds dazu, in der er schildert, warum er sich diesem Thema gewidmet hat:
»Das Wasser ist das geheimnisvollste der Elemente. Durchsichtig wie die Luft, wurde sein Gewicht zur Einheit des Maßes. Die großen Seeschiffe, die die Oberfläche des Meeres pflügen, hinterlassen auf ihr sowenig eine Spur wie der Flug der Vögel in der Luft. Seine Größe ist dem Menschen Gleichnis der Unendlichkeit, aber Beständigkeit ist nicht seine Tugend. Unter dem Wechsel des Lichts wechselt es seine Farbe, und eben noch lächelnder Spiegel, ist es schon alles verschlingender Abgrund. Nicht umsonst hat Sopho-

kles den Mut des Menschen, das Meer zu befahren, an den Anfang all seiner Tugenden gestellt. Denn das Meer verbindet die Menschen. Auf ihm begegnen sie sich, und ist es feindlich, werden die Schlachten, die sie auf ihm schlagen, zu Schauspielen, auf die die Zeitgenossen mit Furcht und Zittern blickten, die Nachfahren mit unstillbarer Neugier; denn in ihnen wurde das Schicksal der Völker entschieden, ja das von Kontinenten. So sind sie in den Mythos eingegangen.
Salamis steht am Anfang der Schicksal bedeutenden Seeschlachten, Navarino am Ende. Lepanto war die letzte Schlacht der Ruderschiffe, Navarino die letzte der Segelschiffe. Dazwischen ist Cäsars Schlacht vor der bretonischen Küste, ist Actium, sind Aboukir, Trafalgar und die Armada. Danach betrat die Technik die Bühne, und der Mythos war ausgeträumt. Von da an war keine Seeschlacht mehr Schicksal der Völker. Als bei Lissa die stählernen Schnäbel der

Links:
SALAMIS *gebührt der Ruhm, die erste der Seeschlachten zu sein, die das Schicksal eines ganzen Kontinents wendeten, nämlich der westlichen Welt. Sie fand am 28. Oktober 480 v. Chr. statt*

Rechts:
DIE SCHLACHT VOR DER BRETONISCHEN KÜSTE *wurde im Jahre 56 v. Chr. geschlagen. Mit ihr bezog Cäsar Britannien in den mittelmeerischen Kulturkreis ein*

Unten:
DIE SCHLACHT BEI ACTIUM *im Jahre 31 v. Chr. ging in die Geschichte ein als zweiter Sieg des Westens über den Osten*

ACTIUM

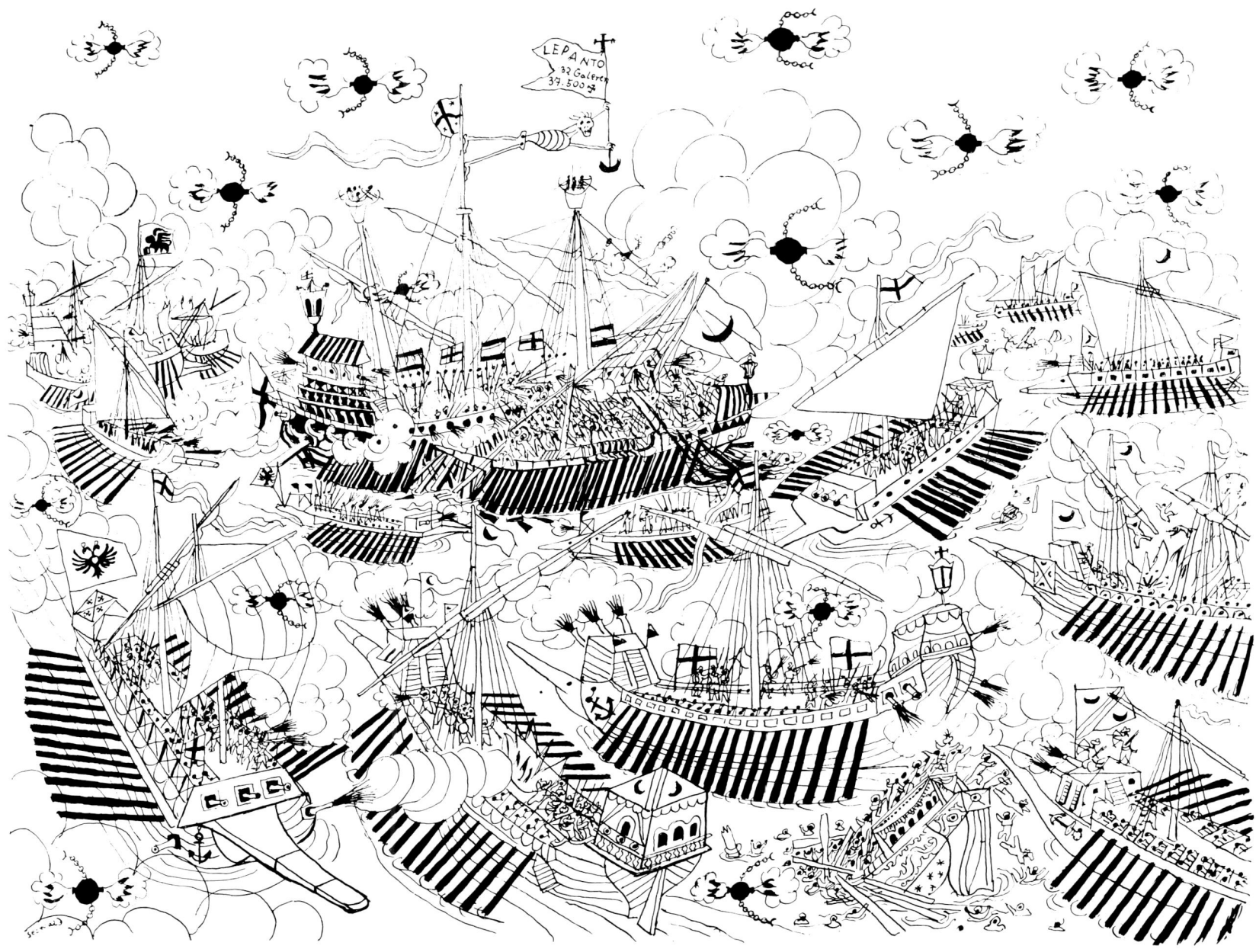

Den dritten Sieg des christlichen Abendlandes brachte LEPANTO *im Golf von Korinth im Jahre 1571. Eine Flotte von 278 Schiffen unter Don Juan d'Austria besiegte die türkische Flotte von 274 Schiffen unter dem Admiral Ali Pascha. Es war die letzte Ruderschlacht der Seegeschichte*

gepanzerten Schiffe Tegethofs die hölzernen Fregatten Italiens aufschlitzten, vertilgten sie zwar für immer diese wandelnden weißen Türme von den Meeren, aber sie entschieden keinen Krieg mehr. Die Vernichtung der russischen Flotte in der Straße von Tsuschima nach einer Argonautenfahrt fast rund um die Erde bedeutete kein Ende des Russisch-Japanischen Krieges. Nicht im Skagerrak wurde der Erste Weltkrieg entschieden, sondern in den blutigen Gräben an der Somme, und Pearl Harbor ist wie ein Zeichen gesetzt als Ende der Seeschlachten, denn nicht mehr maßen sich da Schiffe mit Schiffen. Meuchlings wurden sie aus der Luft unter Wasser geschickt.

Aber das Interesse der Menschen an diesen alten Schlachten ist nicht erloschen, ja neugieriger denn je, will mir scheinen, schauen sie auf sie; denn sie sind gierig nach Abenteuern, die ihnen die Technik nicht mehr zu bereiten vermag. Gibt

es einen, der den Flug nach dem Mond als ein solches empfunden hat? Jules Verne hat alle Romantik vorweggenommen.

So habe ich es unternommen als ein Liebhaber des Meers und der Schiffe, noch einmal die großen Seeschlachten darzustellen. Unmöglich wäre es, dies nach der Weise von Historienbildern zu tun, nämlich ›wie es eigentlich gewesen ist‹. Wir sind aus dem Stande der Unschuld gefallen. Ich will sie also als Spektakelstücke vorstellen, in denen Auge und Phantasie des Betrachters sich staunend ergehen mögen, aber gleichsam auch als moralische Spektakel, denn ich lasse in allen den Tod auftreten: jedoch nur als Allegorie, wie Kasperl in den Marionettenstücken eine unvermeidliche Figur ist. Denn wen erschreckte heute noch die Gestalt des Knochenmanns? Wir haben den Tod und das Grauen in ganz anderer — und nicht mehr darstellbarer — Gestalt erlebt.«

Oben:

ARMADA *war der Name einer spanischen Flotte, die 1588 gegen England segelte. Den Kern der englischen Flotte bildeten Kaperschiffe, Freibeuter wie Drake und Frobisher waren daher auch ihre Admirale. Ihre Angriffe trieben die spanische Armada zur Flucht. Von ihren 150 Kriegsschiffen erreichten ganze 50 den Hafen von Santander*

In der Bucht von ABOUKIR vernichteten 1798 die Engländer Bonapartes Schiffe. Bild links: Mit der Seeschlacht von TRAFALGAR erkämpften die Engländer einen glorreichen Sieg über die französisch-spanische Flotte. (Im Freiheitskampf der Griechen gegen die Türken, der 1821 begann, kam in der Bucht von NAVARINO der Untergang der türkisch-ägyptischen Flotte — es war die letzte Seeschlacht, die Segelschiffe ausfochten)

77

Bau der Argo.
Federzeichnung.
Bildgröße: 30 x 19 cm.
Privatbesitz

78

Bootswerft Korfu. Siebenfarbiger
Linolschnitt. 1966. Bildgröße: 36 x 50 cm

Das leere Atelier.
Federzeichnung

Ein Blatt von surrealistisch geprägter Aussage. Seewalds Federzeichnungen sind zwar immer präzis, besitzen aber gleichzeitig einen persönlichen Duktus. Leicht und locker, sind sie atmosphärisch, von Luft und Licht durchglänzt. Das »leere Atelier« aber ist anders gesehen. Allein die Perspektive des Raumes beunruhigt. Gleich toten Dingen drängen sich Leinwände und Staffeleien an Wände, deren Kahlheit frösteln läßt. Eine Werkstätte rückt in die Nähe eines »Tatortes« psychoanalytischer Alpträume. Ähnlich verwirrend ist das Blatt »Der Maler« (Seite 100),

ist das Bild der »Uhr« (Seite 175), die auch als Zeichnung existiert. Das sind drei Beispiele dafür, daß Seewald sehr genau die Möglichkeiten des Surrealismus erkannt und durchforscht hat. Bei seiner Phantasie, seinem Intellekt und seiner Sensibilität wäre ohne weiteres ein faszinierender »Surrealist Richard Seewald« denkbar . . . doch nur für jene, die den Menschen Seewald kaum gekannt haben. Er besaß Kraft und innere Sicherheit genug, um dieser »Versuchung« zu widerstehen, um das klassische Gesetz der Harmonie zu achten, nach dem er angetreten . . .

80

Ikarus.
Siebenfarbiger
Linolschnitt.
1966.
Bildgröße:
50 x 35 cm

81

Schildkröte. Dreifarbiger Linolschnitt. 1975. Bildgröße: 32 x 43 cm

Die großformatigen, mehrfarbigen Linolschnitte
sind keine Auflagendrucke im üblichen Sinn,
also keine Druckpressen-Abzüge. Von den mit
Holzwalze eingefärbten Platten wurden nur Handdrucke hergestellt. Häufig hat Seewald sie mit
den Druckfarben (»Japan-Aqua«, wasserlösliche
Tubenfarben) noch individuell bearbeitet —
so sind auf dem Blatt »Bootswerft Korfu« das Rot
der Hütte und das Gelb des Kruges (vorne) nach-
träglich aufgemalt. Die Handdrucke zog Seewald-
Schüler Helmuth Ackermann im Atelier von
Ronco ab, und er berichtet, daß Seewald auf den
handwerklichen Duktus größten Wert gelegt hat.

Katzenurwald. Fünffarbiger
Linolschnitt. 1965. Bildgröße: 34 x 48 cm

Wiederaufnahme eines Sujets, das Seewald im Jahre 1933 als Bild realisierte
(Seite 145). Ähnliches ist in seinem
Gesamtwerk häufig zu beobachten, nie aber
entstanden simple Kopien. Das gilt
besonders für die Darstellung von Ziegen,
die entweder als Hauptmotiv oder in
Landschaften auftauchen, siehe dazu die
nächsten beiden Seiten. Ziegenbilder
und -zeichnungen finden sich noch mehr
in diesem Band. Es sind Tiere, die
Seewald ständig fesselten; und wie oft hat
er auch über sie geschrieben.

Korinth. Tempel mit Ziegen.
Vierfarbiger Linolschnitt. 1962.
Bildgröße: 28 x 40,5 cm

Linke Seite:
Griechische Inselziegen.
Vierfarbiger Linolschnitt. 1975.
Bildgröße: 46 x 32 cm
Rechts: Eselreiter. Federzeichnung.
Privatbesitz

Mittelmeerfischer.
Vierfarbiger Linolschnitt. 1965.
Bildgröße: 34,5 x 49 cm

Schiff und Fische.
Vierfarbiger Linolschnitt. 1975.
Bildgröße: 32 x 45 cm

Zypern. Vierfarbiger Linolschnitt. 1975. Bildgröße: 32 x 46 cm

Tor auf Naxos. Fünffarbiger Linolschnitt. 1966. Bildgröße: 35 x 47 cm

Oft und oft hat es Seewald gezeichnet, übte es doch eine
geheimnisvolle Anziehungskraft auf ihn aus. Er wußte
darum, wurde nie müde, es zu betrachten, und einmal
sprach er es an:
»Einsames Tor, was bedeutest du? Gedacht warst du
als strahlende Pforte zu des Dionysos heiliger Wohnung,
die niemals erstand; nur der Grundriß ist deutlich
erkennbar. So führst du ins Leere. — Bin ich ein Narr,
daß diese drei Steine: zwei Pfeiler, ein Türsturz, mein
Herz so bewegen? Ein sinnloses Ding, eine Tür für die
Winde?«

(Seewald: »Zu den Grenzen des Abendlandes«.)

Die Illustrationen zu
»Robinson« entstanden 1916,
als Uli und Richard Seewald
in der einsamen
»Oberen Mühle« von Ronco
selber ein Robinsonleben
führten.

Lithographie zu »Penthesilea«

Mit der Illustration der dramatischen Dichtung von
Heinrich von Kleist schuf Seewald seine ersten Lithographien,
und zwar direkt auf den Stein. Die malerische Verve, mit
der er — der bis dahin rein linear gezeichnet hatte — schon
mit seinen Federzeichnungen zu »Robinson« überrascht
hatte, trat nunmehr dank der Lithokreide doppelt in Er-
scheinung. Auch wurde gerühmt, daß » . . . dem Werk Kleists
mit seinem leidenschaftlichen Drang und der sich über-
steigernden Bildhaftigkeit der Sprache in ihrer ausmalenden
Gestaltung der szenischen Vorgänge Seewalds Temperament gewachsen war«. Diese Illustrationen, 1917 im
Hans Goltz-Verlag erschienen, machten Seewald bei allen
Verlagen bekannt, die während der Inflation mit Luxusausgaben (in kleinen Auflagen) eine Blüte deutscher Buch-
kunst erstehen ließen, und bald sollte sein Name mit denen
von Max Slevogt, Lovis Corinth, Emil Orlik, Max Beck-
mann, Oskar Kokoschka und Ernst Barlach in einem Atem-
zug genannt werden. 1921 brachte dann die Berliner Galerie
Gurlitt Seewalds erstes Buch »Tiere und Landschaften«
mit eigenen Illustrationen heraus. Eine Seite daraus (siehe
rechts) läßt — in Erinnerung an Seewalds Vorliebe für das
Zeichnen von Ziegen — den Passus lesen: »Ich kenne
fürwahr auch kein Tier, dem so Dämonisches anhaftete wie
den Ziegen . . .«

sie die Vorderfüße an den krummen
Stamm des wilden Feigenbaumes und
recken die mageren Hälse nach den zarten
Blattspitzen. Ein gewagter Sprung trägt
sie von einem Felsblock zum andern. In
halsbrecherischem Galopp jagen sie den Ab=
hang herunter.

Als der große Ziegenhirte einem anderen Hirten,
dem guten Menschenhirten weichen mußte, da
wurde vom Volke dem Bösen seine Gestalt verliehen
mit Bocksfuß und Hörnern, und die Ziegen erschienen
in seinem Gefolge als Reittiere seiner Buhlerinnen.
Auch schreckte der Teufel selbst in eines schwarzen Bockes
Gestalt die Heiligen in der Wüste.

Ich kenne fürwahr auch kein Tier, dem so Dämonisches
anhaftete wie den Ziegen. Ihre geschlitzten, schiefen
Augen, die in falschem gelben oder grünen Feuer leuchten,
können dich anblicken, daß du im Innersten erschrickst wie über eine
scheußliche Sünde, die du im Begriff warst zu tun, und ihr Meckern
tönt an dein Ohr wie höhnisch triumphierendes Lachen, als hättest
du sie bereits vollbracht. Dazu verläßt ihr Maul das überlegene
Lächeln nicht, das durch die mahlende Bewegung ihres wieder=
käuenden Kiefers hervorgebracht wird.

Seewalds erste Buchillustrationen erschienen 1912 im Piper-Verlag, München, zu Versen von Hans Bötticher unter dem Titel »Die Schnupftabaksdose«. Hans Bötticher wurde später unter dem Pseudonym Joachim Ringelnatz berühmt — aber sein skurriler Witz wird schon in den Zeilen deutlich:
»Im dunklen Erdteil Afrika —
Starb eine Ziehharmonika.
Sie wurde mit Musik begraben —
Am Grabe saßen zwanzig Raben . . .«
(oben).

Oben rechts: Seewald-Karikatur aus der Münchner Wochenschrift »Jugend«, 1911

*Nebenstehend: Titelzeichnung zu Seewalds erstem Buch »Tiere und Landschaften«.
Buchformat: 29,5 x 22,5 cm*

Linke Seite: Lithographie zu Francis Jammes: »Der Hasenroman«

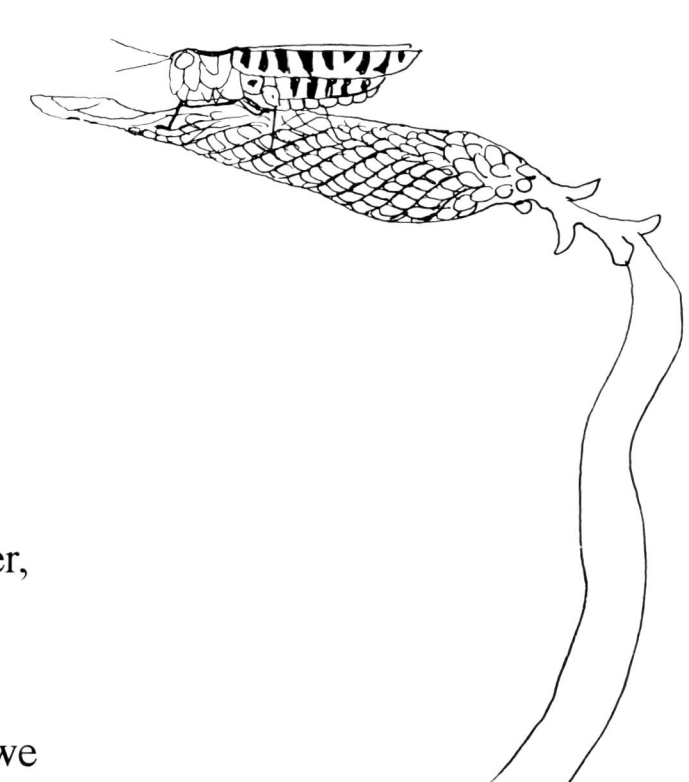

AN RICHARD SEEWALD

Wenn der geschmolzene Gletscher,
der quecksilbrige See,
dir nach Italien davonfließt, o
Seewald, zwischen See und Wald
angesiedelter (der liebenswerte Löwe
hütet das Haus, auf des Gartens Orchestra
führt der Mond den Sternenchor).
Wenn … Sag ich's? dein seltsames Auge
dein dir zu Füßen geschmiegtes Griechenland
nicht mehr erträgt, und wenn du aus dem
Heldischen, in dem du wohnst,
fliehst in das blumig-lustige Land
mit den Zypressenpinseln
– wie genau und gescheit hat es der deine gemalt! –,
dann denke des schwarzen Meers,
der Schmetterlinge: der Inseln,
der vereinsamten Säule: der Götter Geschlecht
(soviel mehr als Boccaccios Pfahl,
mit dem man die Menschen pflanzt),
und male das wie Certaldo:
hindurch durch Etruriens dämonischen Leichtsinn!
Die aus dem wäßrigen Anfang aufschilfende Kannelur,
die riesigen Farben, das
Mehr-als-Rom, in Ronco
hast du's gelernt (was die Jüngeren noch suchen):
male ein wiedergeheiligtes Hellas
voll frohlockender Inseln des Glaubens.

Eckart Peterich

Seewald bezeichnete dieses sein heiter fabuliertes Buch als »ein Bekenntnis zu jenem Erdkreis, den die vier Jahreszeiten regieren«. Man wird in eine Traum-Wirklichkeit entführt, in der alle geltenden Gesetzmäßigkeiten aufgehoben sind. Erdennah und zugleich entrückt, entfaltet sich eine Poesie, in die Freude am Leben, Hingabe an die Natur, erstaunliche Ereignisse und kulturkritische Ironie sich mischen. In diesem Buch steckt der ganze Seewald, der mit den Augen eines Malers sah und mit dem Herzen eines Dichters schrieb. Eine zweite Auflage (1949) erschien unter dem Titel »Traumreise«.

95

STUPOR MUNDI

Aus dem Seewald-Text zu »Stupor Mundi«:

»Wunder, Staunen, Schrecken der Welt! Gemeint ist Friedrich II. von Hohenstaufen, der diesen Namen von der Mitwelt erhielt. Cäsar wollte er sein, Imperator des römischen Reiches. Als Messias erschien er denen, die ihn göttlich verehrten, als Antichrist dem christlichen Abendland.

Ich aber nenne den Zwiegesichtigen und das von ihm errichtete Reich ein exemplum tremendum, ein furchteinflößendes Beispiel, ein Muster des totalitären Staates. Andere dachten über den Staufer anders. Denn wenn je Geschichte zum Mythos wurde, so die dieses Kaisers . . .«

EXEGI MONUMENTUM AERE PERENNIUS

»Es gehört zum Wesen des totalitären Staates, sich Monumente zu setzen, um noch nach Jahrtausenden vom Ruhm solchen Staates und seines Herrschers zu zeugen.

Ohne Zweifel war dies auch die Absicht Friedrichs II. bei der Erbauung des Triumphtores von Capua. Der neue Cäsar wollte damit die von den alten Cäsaren hinterlassenen Bögen übertreffen.

In seiner Mitte thronte der Kaiser in einer Nische. Ihm zur Rechten und Linken standen die Büsten seiner Vertrautesten, des Kanzlers Pietro die Vinea und seines obersten Richters Thaddeus von Suessa.

Gekrönt wurde das Tor von einer Monumentalfigur der Justitia. Denn als solche weisen die Verse sie aus, die um die Nische des Kaisers in Marmor gemeißelt waren:

›Auf des Kaisers Geheiß verbürg ich die Einheit des Reiches,

stürzen will ich in Gram, wen ich veränderlich fand!‹

Das Triumphtor liegt längst in Trümmern. Ich habe es wieder aufgebaut und mit Reliefs und Medaillons von Heroen geschmückt, mit Siegeswagen, Reiterschlachten und mythologischen Szenen . . .«

Fortsetzung auf den nächsten beiden Seiten.

NECESSITAS: KRIEG

»Ich habe den männermordenden Krieg, den Frauen und Kinder verschlingenden, als eine allegorische Farce gemalt. Im Hintergrund bringen geharnischte Ritter sich um. Ihre Rosse sind bis auf die Hufe herab mit Tüchern behängt, wie sie Leichenwagenpferde zu tragen pflegen, um pomphaft die Majestät des Todes zu persiflieren. Die Helme ihrer Reiter sind riesenhaft überhöht von der Helmzier, um — nicht anders als der barbarische Kopfschmuck afrikanischer Menschenfresser — den Feind mit überirdischem Schrecken zu schlagen.

Im Vordergrund scheint sich ein Leichenhaufen zu türmen. Aber es sind nicht menschliche Leiber, die da übereinandergehäuft liegen, sondern Gliederpuppen, aus denen das Werg hervorquillt. Puppen nämlich — auch wenn sie Posen des Lebens nachzuahmen vermögen — sind tot von Geburt und toter als tot, sobald der Anschein des Lebens, den sie besaßen, aus ihnen entwichen ist. Nur Kindern ist das Geschenk einer fast göttlichen Magie verliehen, tote Dinge wieder zum Leben zu erwecken, und sei es auch nur ein geschändeter Puppenbalg. (Ich entdeckte diese Bälge eines Tages auf dem Dachboden der Münchner Akademie . . .)«

»Stupor Mundi« erschien zum 85. Geburtstag von Professor Richard Seewald am 4. Mai 1974 im Maximilian Dietrich Verlag, Memmingen/Allgäu

CAESAR VICTOR ET TRIUMPHATOR

»Dem Siege ließ Friedrich seinen triumphalen Einzug in das benachbarte Cremona folgen. Er ahmte in ihm mit Fleiß die alten Cäsaren nach. Er ließ die Fasces, die Rutenbündel der Lictoren, vorantragen und schleifte die Überwundenen, an seinen Siegeswagen gefesselt, hinter sich her.

Mit wie großem Stolz auch dieser Triumphzug den Kaiser erfüllt haben mag, es ist mir unmöglich, ihn mir in Cremona zu denken. Rom hätte die Bühne dieses Schauspiels sein müssen, Rom, Caput Mundi, einzig würdig des römischen Reichs Imperator. So habe ich ihn mit dem von mir in Anspruch genommenen Recht eines Bilderbogenmalers, der Wundergeschichten erzählt und keine Geschichte schreibt, nach Rom verlegt.

Es hatte ja Friedrich selber, gleichsam als Ersatz dafür, den erbeuteten Mailänder Fahnenwagen nach Rom geschickt, nachdem ihn zum Hohn Maultiere statt weißer Stiere durch die Städte Italiens gezogen hatten.

Das römische Volk empfing jubelnd die stolzen Trophäen und geleitete sie feierlich auf das Capitol, wo auf Beschluß des Senats der Beutewagen auf Marmorsäulen aufgestellt wurde . . .«

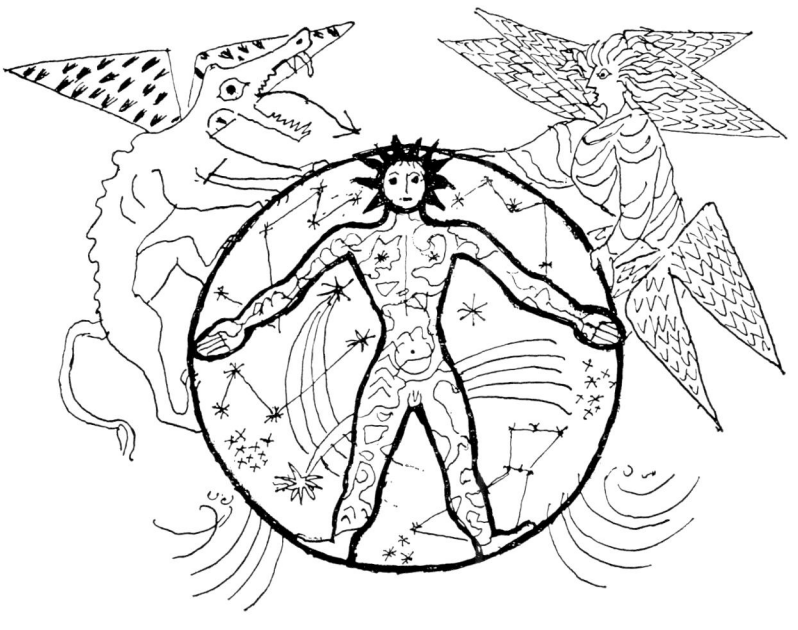

Der Maler

ORBIS PICTUS

»Auf meiner Zeichnung sieht man einen Maler vor einer weißen Leinwand sitzen . . .

Er sitzt in einer leeren Landschaft, die eine Illustration zu den Worten des Propheten Jesaias zu sein scheint: ›Die Meßschnur der Leere spannt ER (Gott) darüber aus und das Senkblei der Verödung.‹ Es ist die Landschaft der Endzeit, die der Prophet sieht. Schaudernd entdecken wir, daß es die unserer Gegenwart ist.

Was aber wäre in der absoluten Leere vorge-bildet? —

Die Leere hat keine Gestalt. Mein Maler wird kein Bild malen . . .«

Die fünf regelmäßigen Körper

ORBIS PICTUS

»Geben wir zu: alle Abstraktionen entzücken unseren Geist, aber wir sind nicht reine Geister. Um unserer Schwere willen wollen wir nicht nur begreifen, sondern auch greifen. Und dies mag der Grund sein, daß sich aus der geometrischen Fläche fünf Figuren erhoben, die, als sie im Raum standen, ihre Dreidimensionalität dadurch bewiesen, daß sie Schatten warfen.
Nihil sine umbra — sine umbra nihil. — Nichts ist ohne Schatten — ohne Schatten ist nichts. Sie sind! Aber sie sind nicht wie die kreatürlichen Dinge Wesensbilder des göttlichen Geistes, sondern entsprangen ausschließlich dem menschlichen Hirn . . .«

Die Wege

ORBIS PICTUS

»Wege, Straßen, Pfade. Mit ihrem Netz überspannte der Mensch die Erde, um ihr wildflatterndes Haar unter dies Netz zu bändigen. Ich nenne sie trockene Flüsse, doch nicht vertrocknete, unwiderstehlich reißen sie den Wanderer hin.

Ich lasse mein Auge wandern. Es ist ja die Quelle aller Philosophie. Möchte es nicht abschweifen vom rechten Wege. Custodi me, Domine, ut pupillam oculi. — Bewahre mich, Herr, wie deinen Augenstern . . .

Umwege? Doch eines Tages steht jeder Reisende am Scheidewege. Ich preise Herakles glücklich, den Sternenmilchgesäugten, den Schlangenerwürger, der nur zwischen zwei Wegen zu wählen hatte . . .«

(Seewald: »Orbis Pictus, 17 Allegorien der sichtbaren Welt«.)

ALEXANDER DER GROSSE, DER MYTHISCHE HELD

Obige Zeichnung gehört zum ersten Kapitel eines Bildbuches über Alexander den Großen, das Richard Seewald im Sommer 1976 zeichnete und das unvermutet zu seinem letzten graphischen Werk wurde.

SEEWALDS ILLUSTRATIVES SCHAFFEN

war derart fruchtbar, daß es in seiner Gesamtheit allein für sich einen stattlichen Band füllen könnte. Dabei war er ein idealer Illustrator, der schon ab seinen ersten Aufträgen jedem Stoff vom Inhalt und vom Literarischen her gerecht wurde und sich jedem Autor gegenüber als kongenial erwies. Trotz der sehr unterschiedlichen Grundthemen — ob sie nun abenteuerlich, dramatisch, romantisch oder volkstümlich sind und deren Verfasser vom Klassiker bis zum Legendenerzähler reichen — ergibt sich im Hinblick auf Seewalds Illustrationskunst ein von höchster Einfühlsamkeit getragenes, geschlossenes Bild. Die Illustrationen zu seinen eigenen Büchern dagegen lassen sich als Blöcke betrachten, von denen jeder seinen eigenen graphischen Ausdruck besitzt. Hier wird noch mehr offenbar, über welche zeichnerischen Möglichkeiten er verfügte, mit welcher Sicherheit er sie beherrschte und differenzierte,

103

letzten Endes aber findet sich auch hier eine Einheit, die vom Geistigen her bestimmt wird: Seewald war ein Suchender, war immerzu unterwegs.

Vom Äußeren her gesehen manifestierte sich das in seinen vielen Reisen, und die zeichnerische Beute, die er davon mitbrachte, gibt exemplarische Augenerlebnisse, die seine Eindrücke reizvoll-anschaulich (achtsam noch bei jeder Bodenformation und dem letzten Mauerstein alter Bauten) schildern.

Wenn er aber einen Stadt-Zyklus schuf wie ROM (den Manen Piranesis gewidmet) und mit Ähnlichem uns neu zu schauen lehrte, führte er die Feder mit atemberaubender Dramatik. Doch gab es noch andere Seewald-Reisen, auf denen er historische Gestalten und Ereignisse deutete. Oder er drang ins Weltgefüge ein, in einem Orbis Pictus Seelenlandschaften entdeckend. Reisen, auf denen Seewald sich selber suchte . . . für uns. Auch da war er, als Künder seiner eigenen Gesichte, ohnegleichen.

ALEXANDER DER GROSSE

Obiges Blatt mit dem Reiter, der mit seiner Lanze gegen einen Elefanten angeht, gehört zum Kapitel »Indien«. Ähnlich wie bei seinem »Stupor Mundi« hat Seewald »mit dem Recht des Bilderbogenmalers« Wundergeschichten über Alexander den Großen gezeichnet.

Dieses sein letztes Werk hat der Maximilian Dietrich Verlag, Memmingen/Allgäu, im März 1977 herausgebracht

Illustration aus:
VERGIL, HIRTENGEDICHTE.

*Noch ein Blick auf die Zeit, als Seewald
Mitarbeiter der »Meggendorfer Blätter« war:
Illustration zu dem Bänkellied eines Landsknechtes,
der unter Gottfried von Bouillon ins Heilige Land
zog und dort ein Abenteuer erlebte.
Zeichnung aus dem Jahr 1913*

*Die Farbtafeln auf den nächsten beiden
Seiten sind Illustrationen zu den
»Fabeln« von Christian Fürchtegott Gellert.
Holzschnitte, handkoloriert. 1920.
Bildgröße: 24 x 17,5 cm*

Aquarelle, Gouachen und Ölgemälde

Nebenstehendes Ölbild »Varieté« malte Seewald im Jahre 1912 auf der dalmatinischen Insel Arbe (Rab). Hier hatte er überhaupt erst, und zwar als völliger Autodidakt, zu malen begonnen. Man muß sich das vor Augen halten, um die Reife dieser Arbeit zu würdigen, mit der man den bisher nur graphisch Tätigen als einen geborenen Maler entdeckte. Die Szene, traumhaft sicher in der Komposition, ist flächig gemalt, aber diese Flächen sind voll malerischer Substanz. Die vereinfachte Zeichnung erhält mit ihren locker hingesetzten Konturen einen Zug ins Große, gewiß auch ins Plakative, doch rückt eine kultivierte Palette mit ausgewogenen Valeurs das improvisierte Geviert mit der dunklen Nacht dahinter ins Intime.

In der Folgezeit wird sich Seewalds malerischer Ausdruck einige Male wandeln, er wird auch gewissen Einflüssen unterliegen — und naturgemäß werden das zuerst expressionistische Variationen sein. Doch wird er sich von dem, was im Kunstgeschehen um diese Zeit bestimmend ist, bald genug entfernen . . . und ständig »außerhalb der Kategorie« stehen. Hält er sich an die Natur? Ja, aber er denkt nicht daran, sie zu kopieren, sie »nachzumalen«, sieht sie vielmehr durch ein Prisma. Keine Landschaft, kein Stadtbild, das er malt, wird zur »Ansicht«, und nie werden Menschen oder Tiere zur Staffage. Sie sind (wie jeder Baum, jede Wolke) elementarer Bildbestandteil. So findet sich denn auch in Seewalds malerischem Gesamtwerk keine einzige Banalität.

Farbauftrag und Malweise fügen sich einer wechselreichen Stilistik. Das Gemeinsame jedoch ist eine typische Seewald-Aussage, die bereits mit Bildthema und Komposition ihren entscheidenden Anstoß erhalten hatte:
die Seewald-Inspiration.

Was er malte und wie er es malte, das stand bereits vor ihm. Er sah es, und zwar durchaus als sinnenhaftes Erlebnis. So stark, daß seine »Naturbetrachtung« ihm allein gehörte — kein anderer neben ihm dasselbe hätte sehen können. Dies ist nicht nur Seewalds »Geheimnis« — es gehört zu jeder schöpferisch-bildnerischen Arbeit.

Bleibt noch zu sagen, daß viele Freunde seiner Kunst immer nur an »Seewald, den Zeichner« dachten — hier nun begegnen wir »Seewald, dem Maler«.

Varieté. Öl auf Leinwand. 1912. Bildgröße: 59,5 x 77,5 cm.
Das Bild zeigte Herwarth Walden (»Der Sturm«) in seinem ERSTEN DEUTSCHEN HERBSTSALON, *Berlin 1913 (Katalognummer 326), mit ganzseitiger Abbildung)*

108

Landschaft auf Korsika. Aquarell. 1913.
Bildgröße: 23,8 x 32 cm. Privatbesitz

Eisengießerei. Öl. 1912.
Auch dieses Bild sah sich im ERSTEN DEUTSCHEN
HERBSTSALON, *Berlin 1913, aufgenommen (Katalog-*
nummer 327)

Als expressionistisch gesehenes »Industriebild«
erregte es damals großes Interesse und wurde
mehrfach reproduziert (für unsere Abbildung
stand ein Kunstdruck in Schwarzweiß zur Ver-
fügung). Inzwischen wurde es vergessen — und
ist längst verschollen.

Café des Amis. Öl auf Leinwand. 1913.
Bildgröße: 50 x 70 cm

Ziegen und Esel unter Bäumen. Öl auf Leinwand. 1913

Weinlese. Aquarell. 1918.
Bildgröße: 23,5 x 27 cm. Privatbesitz

Tanz. Öl auf Leinwand. 1912.
Bildgröße: 49,5 x 68 cm.
Die Bauernszene entstand auf Arbe
und ist eines der ersten Ölbilder Seewalds.
Privatbesitz

Ziege. Öl auf Leinwand. 1912

Knabe mit Esel. Öl auf Leinwand. 1918.
Privatbesitz

Agaven. Öl auf Leinwand. 1919.
Privatbesitz

120

Der träumende Knabe. Öl auf Leinwand. 1922.
Bildgröße: 85 x 100 cm.
Mittelstück eines Triptychons.
Auf den zerstörten beiden Außenteilen zogen
an dem Knaben Robinson-Träume vorüber

Links:
Stilleben mit Globus. Öl auf Leinwand. 1920.
Bildgröße: 70 x 60 cm

Seewald: »Mit dreiunddreißig Jahren malte ich den ›Träumenden Knaben‹. Das Bild wurde für lange Zeit das berühmteste meiner Werke. Es hing in der Ausstellung der Berliner Akademie am Brandenburger Tor und erlebte viele, viele Reproduktionen in den Zeitungen bis in die ›Berliner Illustrirte‹ hinein. Knaben haben Schulaufsätze darüber machen müssen. Es trug mir recht eigentlich die Berufung nach Köln ein, und in den ersten Tagen dort begrüßte mich in der Zeitung ein Gedicht, das ›Der träumende Knabe‹ hieß.«

Kühe. Öl auf Leinwand. 1919.
Das Bild ist verschollen

Rechts:
Papagei. Öl auf Leinwand. 1919.
Privatbesitz.
Seewald: »Als ich das Papagei-Bild malte,
legte ich mich ins Gras und sah meinen Urwald . . .«

122

Positano. Öl auf Leinwand. 1924

Rechts:
Karneval (Köln). Tempera. 1926.
Bildgröße: 74,5 x 59,5 cm

Motiv aus den Abruzzen. Öl auf Leinwand. 1923.
Privatbesitz in den USA

Positano. Öl auf Leinwand. 1923.
Privatbesitz, Paris

Seite 128:
Bildnis Theodor Haecker. Öl auf Leinwand. 1923.
Bildgröße: 70 x 60 cm

Seite 129:
Bildnis Max Scheler. Öl auf Papier,
auf Pappe aufgezogen. 1926.
Bildgröße: 70,5 x 60 cm

130

Links:
Bildnis eines jungen Malers (Maler Kronenberg). Tempera auf Pappe. 1925.
Bildgröße: 68 x 47 cm. Privatbesitz

Roter Hohlweg (Elba). Öl auf Leinwand. 1921.
Bildgröße: 58,2 x 74,9 cm.
Das Bild wurde am 25. August 1937 von der Reichskunstkammer Berlin
als »entartet« beschlagnahmt und ist seitdem verschollen

Das alte Municipio in Ronco.
Bleistiftzeichnung,
mit Farbstiften leicht koloriert. 1910.
Bildgröße: 16,5 x 21,5 cm.
Privatbesitz

Unten:
Spätere Gouache anhand obiger Skizze. 1976. Privatbesitz

Zigeunerin. Öl auf Leinwand. 1913

134

Die Kartenlegerin. Öl auf Leinwand. 1945.
Bildgröße: 49 x 65 cm.
Privatbesitz

Wald. Gouache. 1930.
Bildgröße: 73 x 80 cm

136

Seite 140:
Knabe mit Fisch. Öl auf Leinwand. 1924.
Bildgröße: 80,5 x 60 cm

Seite 141:
Unglückliches Mädchen. Öl auf Leinwand. 1929.
Bildgröße: 60 x 47 cm.
Privatbesitz

Kinderkarneval. Gouache. 1938.
Bildgröße: 65 x 70 cm.
Privatbesitz

Auf beiden Seiten:
Das Leben der Dinge. Öl auf Holztafeln. 1931.
Bildgröße jeweils: 79 x 220 cm

Montepulciano (Toskanische Landschaft). Gouache.
Bildgröße: 46 x 66 cm.
Privatbesitz

»Ich messe die Höhe des Grases an einer Katze. Alle Katzen sind im Gras Tiger, die durch den Dschungel streifen. Man muß aber erstarren können, zum bloßen Ding werden und also unsichtbar, um das gut zu sehen und sie nicht zu erschrecken. Es ist das Kunststück jedes primitiven Jägers, der seine Beute beschleicht. Seht doch die zögernde Bewegung dort, dieses Schleichen, das beinahe ein Sichschlängeln ist; wie die Halme zwar das sich in ihnen Bewegende verraten, aber bereit sind, es sofort wieder zu verbergen, es wieder zurückzunehmen.

Ich habe einmal ein Bild gemalt und es ›Katzen-urwald‹ genannt. Es geht auf solch ein Erlebnis zurück; da trat aus dem Dickicht der Halme eine schwarze Katze, ein riesiger Kater ohne ein einziges lichteres Haar. Er trug quer in seinem Maul eine erbeutete grünblaue Smaragdeidechse. Dann sah er mich und erstarrte, wie ich erstarrt war. Auge in Auge standen wir so eine Weile. Seine gelben waren ohne Blinzeln auf mich gerichtet. Vielleicht habe ich zuerst geblinzelt? — Mit einem Satz verschwand er im Grün, das noch eine Weile sanft wogte.«

(Seewald: »Neumond über meinem Garten«.)

Katze mit Salamander. Öl auf Leinwand. 1933. Bildgröße: 95 x 115 cm. Wallraf-Richartz-Museum und Museum Ludwig, Köln

Küstenstreifen auf Elba (Portolongone). Öl auf Leinwand. 1921

Gewitterlandschaft auf Ägina. Öl auf Leinwand. 1936.
Privatbesitz, London

In Fontana Martina begegnete Seewald dem
englischen Biologen Julian Huxley, seiner
Frau Juliette und ihren beiden Knaben.
(Julian war der Bruder von Aldous Huxley.)
Als das Ehepaar in Ronco Seewalds Bilder
sah, boten sie ihm an, in London eine Aus-
stellung zu arrangieren und bei ihnen zu
wohnen. So eröffnete Julian Huxley (damals
Direktor des Londoner Zoos, später einer
der Väter der UNESCO und ihr erster
Sekretär) am 7. Februar 1939 in der
Stafford Gallery am St. James's Place eine
Seewald-Ausstellung.

Kap Ägina. Gouache. 1935.
Bildgröße: 45 x 75 cm.
Privatbesitz

Links:
Margherita. Öl auf Leinwand. 1927.
Bildgröße: 65 x 49 cm.
Privatbesitz

Siena. Öl auf Leinwand.
Verschollen

»Florenz, Pisa, Siena: die Stadt zwischen den Hügeln, die Stadt in
der Ebene und die Stadt auf den Hügeln, lassen dem Maler jeweils
die Vision einer anderen Farbe. Florenz goldglänzend, Pisa weiß-
strahlend, Siena rötlich schimmernd.
Denn Siena ist die Stadt des Backsteins. Aus der roten Erde seiner
Hügel selbst sind die Steine gebrannt, aus denen es erbaut ist. Drei
Hügel tragen die Stadt. Auf ihren Vorgebirgen ruhen die gewaltigen Kuben ihrer Basiliken; ihre rötlichen Flanken hinab und
hinauf laufen, die Stadt umschlingend, die Mauern, von klotzigen
Toren unterbrochen, ihr höchster Gipfel trägt den marmornen,
fremdartig schwarzweiß gestreiften Dom mit seinem fünfspitzigen
Turm. (Vom Fort St. Barbara sah ich diese wunderbare Stadt hell
sich abheben von einem stahlblauen, dunklen Gewitterhimmel.)
Wo die drei Hügel zusammenstoßen, ist der Mittelpunkt der Stadt,
ein weiter Platz, wie ein Amphitheater geformt.«

(Seewald: »Tiere und Landschaften«.)

Fontana Martina. Öl auf Holz. 1924

Kap mit der Säule Ägina. Öl auf Leinwand. 1937.
Bildgröße: 62 x 75,5 cm.
Privatbesitz

Links:
Zypressen und Straße, Landschaft bei Cortona. Öl auf Leinwand. 1951.
Bildgröße: 68 x 55 cm.
Privatbesitz

Weinhügel an der Rhône.
Öl auf Leinwand. Um 1950.
Privatbesitz

Unten:
Weiße Hügel — Toscana.
Öl auf Leinwand. 1953.
Bildgröße: 58 x 76 cm

Berg über dem Meer (Varigotti). Gouache. 1968.
Bildgröße: 51 x 59,5 cm

Seewald: »Ich gebe den ganzen Montblanc für einen toskanischen Hügel.
Für die Hügel mit ihrem genauen Kontur, angetuscht mit den Farben des
Frühlings, getupft und gestreift von Ölbäumen und Rebengeländern;
auf ihren Rücken stehen schwarze Zypressen um weiße Gehöfte, liegen
die wohlgeordneten Würfel ihrer Städte.«

Der Dichter mit Spiegel.
Öl auf Leinwand. 1943.
Bildgröße: 58,5 x 130 cm

Rotes Gartentor. Gouache. 1973.
Bildgröße: 41 x 60,5 cm

158

Stilleben mit grünem Lampenschirm.
Öl auf Leinwand.
Bildgröße: 46 x 55,5 cm

Ziegenherde auf Naxos. Gouache. 1954.
Bildgröße: 47 x 64,5 cm.
Privatbesitz

Frühling in der Toscana (Montepulciano). Gouache. 1959. Bildgröße: 46 x 69 cm.
Im Besitz des Schweizer Generalkonsulats, München

Die Katze. Öl auf Leinwand. 1932.
Privatbesitz

162

Brücke im Tessin. Öl auf Leinwand. 1932

Mantua. Tempera auf Pappe. 1973.
Bildgröße: 58 x 75 cm

Pinie und Zypresse. Gouache. 1954.
Bildgröße: 47 x 65 cm.
Privatbesitz

Der alte Baum. Öl auf Holz. 1929.
Bildgröße: 75 x 80,5 cm

Pflanzenlandschaft.
(Aus einem fünfteiligen »Schöpfungszyklus«,
alles übrige ist zerstört.)
Öl auf Leinwand. 1950.
Bildgröße: 55 x 78,5 cm.
Privatbesitz

Kirche über dem Meer. Gouache. 1964.
Bildgröße: 53 x 69 cm

Seewald: »Die einfachen Dinge — für mich waren sie immer die eigentlichen Symbolträger der Kunst, deshalb habe ich so viele Stilleben gemalt. Auch das Stilleben mit den Puppen gehört dazu. Die beiden im Vordergrund sind alte Kinderspielzeuge, die Marionette oben kommt aus Sizilien ...«

Stilleben mit Puppen. Öl auf Pappe. 1969.
Bildgröße: 45 x 53 cm

Procida. Gouache. 1926.
Privatbesitz

Dorf auf Naxos. Gouache. 1954.
Privatbesitz

Rechte Seite:
Das Haus des Soldaten. Öl auf Leinwand.
Bildgröße: 63 x 46 cm.
Privatbesitz

Frühlingslandschaft (Toskana). Öl auf Leinwand. 1953.
Bildgröße: 57 x 73 cm.
Im Besitz der Stiftung Pommern, Kiel

173

Friedhof (Montepulciano). Gouache. 1968.
Bildgröße: 50,5 x 79,5 cm

BESUCH BEI RICHARD SEEWALD

Der früh erfolgreiche Autodidakt aus dem heute polnischen Arnswalde entschied sich für Giotto statt für Greco, für den Apoll von Tenea, für Aischylos, Sophokles und Euripides, »die ich ständig lese«. Auf den Einbruch der Tyrannei in Deutschland reagierte Seewald mit einer Huldigung an Hellas: Er durchstreifte die griechische Inselwelt, um »die Stätten zu sehen, an denen die Symbiose von Antike und Christentum vonstatten ging«. In einer »Welt ohne Geheimnis« folgte dieser rebellische und streitbare Traditionalist »jenen Werten der Vergangenheit, in denen man in großer Vollendung das entdeckt, was man selbst anstrebt«. Fazit dieses unzeitgemäßen, dieses unbequemen Alleingangs: »Die Kunst beginnt mit den Dingen, nicht mit der Abstraktion.« Es macht die spezifische Anlage, die typische Qualität dieses Talents aus, daß Seewald zwischen Ratio, Auge und Hand gewissermaßen über eine Direktschaltung, über einen rasch und präzis funktionierenden Kontakt verfügt. Wenn er im »Mann von gegenüber« wiederholt versichert, er schreibe »mit dem Gesicht«, so trifft dieser Hinweis die visuelle Komponente seiner weitgespannten literarischen Produktivität sehr genau. Seit ihn Fritz Gurlitt in Berlin dazu ermunterte, an den von ihm herausgegebenen »Maler-Büchern« mitzuwirken, seit 1921 also, hat Seewald mehr als dreißig Publikationen mit eigenen Texten erscheinen lassen, zuletzt die unter dem Titel »Stupor Mundi« veröffentlichten Allegorien zum Leben Friedrichs II. von Hohenstaufen.

Kernstück dieser imponierenden, vorwiegend von Jakob Hegner betreuten schriftstellerischen Aktivität sind die Reisebücher, in denen mit Anspruch und Niveau faktische Information und persönliches Erlebnis, topographisches und historisches Detail zu einer überzeugenden Synthese gebracht werden...

Bild einer Uhr. Öl auf Pappe. 1973.
Bildgröße: 45 x 55 cm

Seewald: »Ich habe das Blatt ohne Ziffern gemalt, so wirkt die Uhr noch geheimnisvoller, und zu ihr malte ich das Buch von Aldous Huxley ›Time must have a stop‹. Ein Symbol, daß auch für mich die Zeit bald zu Ende sein wird.«

... Über den Maler Seewald, den Hausenstein vor mehr als fünfzig Jahren einen »naiven Realisten« nannte und den Ketterer in München unlängst kollektiv präsentiert hat, gibt Ronco sopra Ascona doppelte Auskunft. Das 1949 geschaffene Fresko über dem Taufbecken in der Kirche des heiligen Martin sowie die Schutzmantelmadonna in einer kleinen Kapelle oberhalb des pittoresken Häusergewirrs wirken als Hinweis auf die Wandgestaltung, die innerhalb des Gesamtwerks breiten Raum behauptet und die Seewalds vieldiskutiertes und vielgeschmähtes Engagement am religiösen Komplex, am »christlichen Bilderbogen« am eindringlichsten zur Geltung bringt.

Im Atelier, das nur Tageslicht kennt, ist die Malernte des letzten Sommers vereinigt, eine Reihe von 14 Originalen mittleren Formats, die thematisch auf Lösungen und Entwürfe früherer Etappen zurückgreifen. Einfache, anspruchslose Motive: ein Gartentor am Meer, Walliser Hügel, ein alter Bagger, eine ziffernlose, »blinde« Uhr mit dem von Huxley entlehnten Titel »Time must have a stop«. Seewald, an den Besucher gewandt: »Sind das nicht Todesbilder?«

Hans Kinkel: »Reise nach rückwärts. Besuch bei Richard Seewald, dem Maler, Zeichner und Schriftsteller, der am 4. Mai 85 Jahre alt wird.« Auszug aus der »Frankfurter Allgemeinen Zeitung« vom 4. Mai 1974

Landschaft bei Orvieto II. Tempera auf Pappe. 1972.
Bildgröße: 47,5 x 61 cm

Rechte Seite:
Griechische Taverne. Tempera. 1973.
Bildgröße: 65 x 48 cm

»Ich sitze in einer Taverne und blicke aus der geöffneten Tür in eine Art
kleinen Vorgarten, und plötzlich ›sehe‹ ich den winzigen türkisblauen
Fleck eines gläsernen Salzfasses vom Weiß eines Tischtuchs sich
abheben, und wiederum dieses selbst von dem schönen caput-mortuum
einer Tür, vor welcher der Tisch steht. Um dieses bißchen Blau kreist nun
alles: die paar laubgrünen Blätter, die sich von oben ins Bild stellen,
der hellgrün gestrichene Kleiderständer und vor allem auf der weiß-
gekalkten Wand der lange schwarze Sarg des ›Regulators‹ mit seinem
unbeweglichen leichenfarbenen Zifferblatt oben und dem schattenhaft
hin und her schwingenden Mond seines Pendels unten.«

(Seewald: »Das griechische Inselbuch«.)

Buntes Haus am Meer (Cinque Terre). Öl auf Leinwand. 1968.
Bildgröße: 46 x 56 cm

Rechte Seite:
Fenster. Tempera auf Hartfaserplatte. 1973.
Bildgröße: 68 x 49 cm

178

Boote am Meer. Gouache. 1963

Meer berennt die Küste. Öl auf Hartfaserplatte. 1976.
Bildgröße: 57 x 75 cm

Kredenztisch. Tempera auf Hartfaserplatte. 1973.
Bildgröße: 52 x 62 cm

182

Seite 184:
*Das alte Haus (ein Motiv aus Korfu). Tempera auf Hartfaserplatte. 1969.
Ursprünglich schimmerten auf der dunklen rechten Bildseite Bogenlampen
von der Straße hoch. Im Juli 1976 nun hat Seewald diese Lichtreihe zuge-
malt und den Bildrand mit einer grauen Jalousie abgeschlossen. So wird die
Aufmerksamkeit wesentlich auf die melancholisch sinnende, einsame Frau
auf dem Balkon gelenkt — die, wie er sich erinnerte, »jede Nacht in derselben
Haltung dort verharrte«. Zusammen mit dem brüchigen Gemäuer aber
wurde das Bild zum Sinnbild: Die Welt ist entrückt. Was blieb, ist ein einziger, ersterbender Abschied vom Leben . . .*

Seite 185:
*Leser bei der Lampe. Öl auf Leinwand. 1941.
(Aus einem Triptychon, die beiden Seitenbilder sind zerstört)*

*Peperoni. Tempera auf Papier. 1970.
Bildgröße: 45,5 x 49,5 cm*

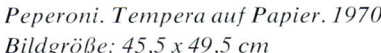

Die Nacht. Aus einem (zerstörten) Triptychon. Ölgemälde. 1930

Öl. Aus dem Triptychon »Öl, Brot und Wein«. Ölgemälde. 1930

Der religiöse Themenkreis

Linke Seite:
Erste Arbeit Richard Seewalds mit einem religiösen Thema. Für die
Münchner »Gewerbeschau« schmückte er einen kapellenartigen Raum
mit Wandmalereien und Glasfenstern. Im Anschluß daran entstand
ein Glasfenster »Die vier Jahreszeiten«, das ins Museum Detroit, USA,
wanderte

Oben:
Zweiter Kirchenschmuck Seewalds. Wandmalerei für die St.-Annun-
ziata-Kapelle in Ronco. 1936. Über den Altar malte er die »Verkündigung«, darüber die »Vertreibung aus dem Paradies«. Die Kapelle
wurde 1945 durch Bergrutsch zerstört

Links:
Fresko über dem Taufbecken in der Kirche San Martino, Ronco. 1949

EXULTET TERRA! LAETENTUR INSULAE MULTAE! *Ölgemälde. Privatbesitz*

»Allmählich und langsam, zuerst kaum bemerkt, haben sich Landschaft
und Tier, Stilleben und Porträt aus den heiligen Bildern herausgestohlen
und selbständig gemacht. Rufen wir sie zurück! Es gilt heute gewissermaßen, eine umgekehrte Renaissance zu vollziehen. Das heilige Bild,
fast der Ikon, mag uns als Ziel vorschweben; es wird nicht im Sprunge
erreicht. Der Sprung gehört einer höheren Ordnung an als die Kunst,
nämlich der religiösen. Mit ihm, mit dem man das Ufer des vermeintlich
Sicheren verläßt, gelangt man nur in die Arme des Absoluten.
Die ›Einübung‹ kommt später. Bei der Kunst ist es umgekehrt. Heut
kann meines Erachtens der Weg nicht anders gehen als über die Dinge,
über die ›Heimholung der Welt‹, um es mit dem Titel des schönen Buches
von Bauhofer zu sagen. Und wie viele der Dinge dieser Welt sind nicht
Symbole der Kirche geworden im Laufe der Zeiten, schon beim Nennen
ganz erfüllt von dem großen Geheimnis, das durch sie hindurchschim-
mert? Sonne und Mond, Fels und Meer, Fisch und Angel, Schiff und
Anker und Turm und Haus, die Zeder auf dem Libanon, die Palme am
Wasser, der Garten und der Gartenquell, das Lamm und der Löwe,
Taube und Adler und Brot und Wein.«

(Richard Seewald: »Über die Malerei und das Schöne«.)

190

REGINA PACIS.
Altarbild
in der Pfarrkirche Wiler/Schweiz. 1952

Flucht nach Ägypten.
Wandbild
aus St. Theresien in Zürich. 1946

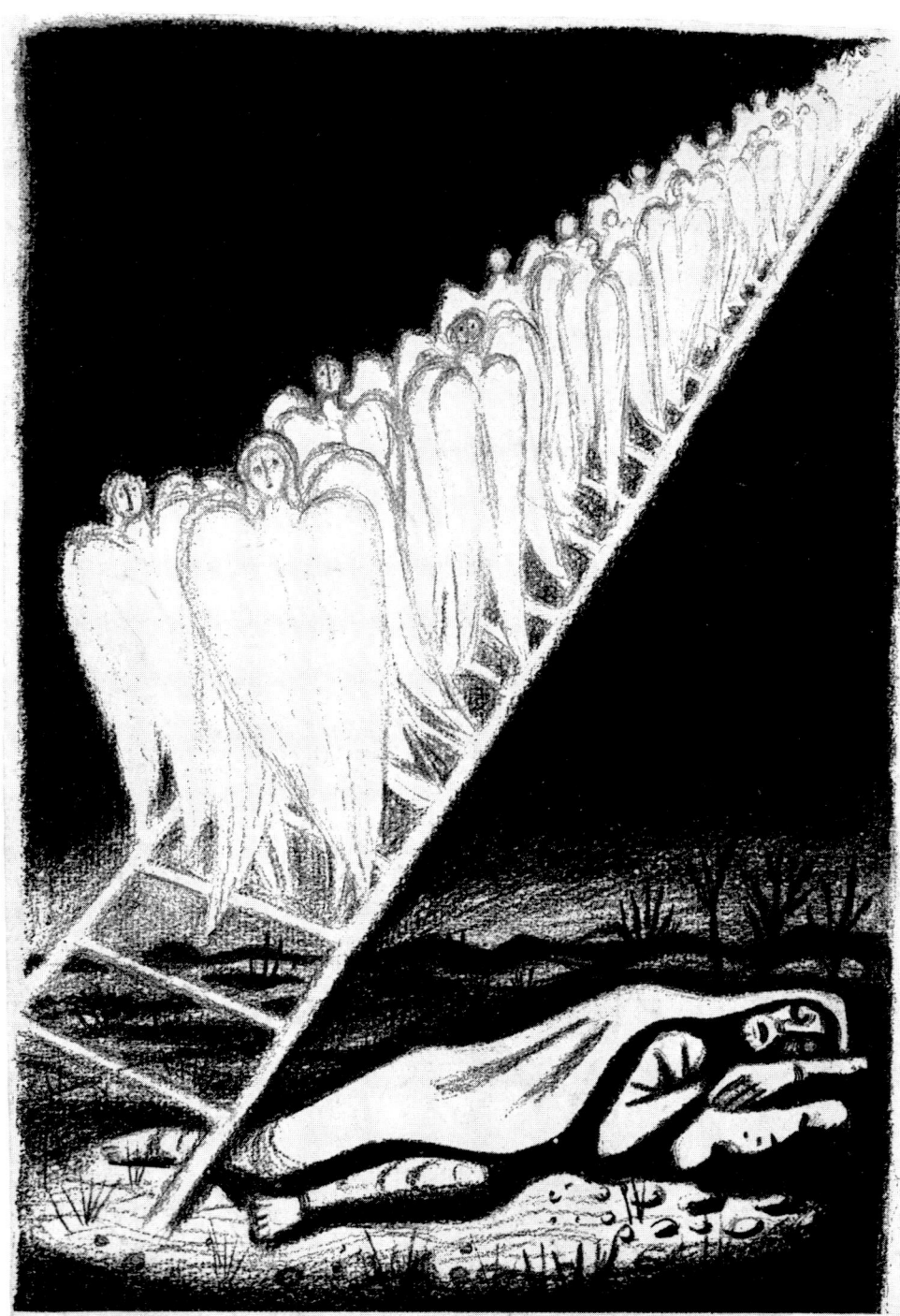

Jakobs Traum.
Die Vision von der Himmelsleiter.
Bibelillustration

Rechte Seite:
ST. THEODUL *in Sion.*
Glasfenster für den Chor der Kirche. 1970

Der Auftrag zu den Bibelzeichnungen für den Herder Verlag kam über Professor Karl Thieme, der zu seiner »Laienbibel« einen Illustrator gesucht hatte. Seewald begann damit gegen Ende des Jahres 1937. Als »Test« versandte der Herder Verlag 1939 mit Bildproben und Stellungnahmen einen Vorausdruck — der begeisterte Zustimmung und schärfste Ablehnung auslöste.

In dem Bildband »Kunst in der Kirche, die Düsseldorfer Bilder« (Christophorus-Verlag Herder, 1966) schrieb Seewald über die damaligen Vorgänge:

»Das Schicksal dieser Bibelillustration ist beispielhaft. Die Nationalsozialisten verboten gleich die ersten Bilder als entartete Kunst, und drei Bischöfe schlossen sich an. Einer verweigerte das Imprimatur, einer, das Vorwort zur Bibelausgabe zu schreiben, in der die Zeichnungen erscheinen sollten, der dritte drohte, von allen Kanzeln seiner Diözese dagegen predigen zu lassen, falls sie erschienen. So sehr war damals die Hierarchie an das Cliché der Devotionalienfabrikation gebunden, in der der Sohn des lebendigen Gottes, die zweite Person der Trinität, zum ›lieben Heiland‹, einem Schönling mit ondulierten Locken und gekräuseltem Bart, geworden war, seine heilige Mutter, die erhabene Gottesgebärerin, zu einem geschlechtslosen Wesen aus Papiermaché, die Throne, Gewalten und Herrschaften der Engel zu niedlichen Flügelbübchen, zu Amoretten.

Es sei aber nicht verschwiegen, daß diese gleichen verfemten Bilder für einen andern Bischof in der Schweiz, den Bischof von Chur, Dr. Caminada, zum Anlaß wurden, mir den ersten großen Auftrag zu einem Bild in einer Kirche zu geben. Und ebensowenig sei verschwiegen, daß die gleichen Bilder es nun bis zur Popularität einer Taschenbuchausgabe gebracht haben, als Wandbilder in Schulen hängen, mit englischen, französischen, chinesischen und japanischen Texten erschienen, als Lichtbilder und Ansichtskarten und schließlich selbst als begleitende Bilder im Volksmeßbuch des ›Schott‹. Zwanzig neue habe ich soeben den alten hinzufügen müssen, um den Katecheten den von ihnen benötigten Bildzyklus abzurunden.«

Rechte Seite:
Job im Feuer der Prüfung.
Bibelillustration

Der lehrende Christus. Nach dem Entwurf zum Altarbild im COLLEGIUM BORROMÄUM *in Freiburg i. Br. 1956*

Erstmalig erschienen ist die »Seewald-Bilder-bibel« im Jahre 1957, und sie sah sich sofort mit einmütigem Lob aufgenommen. Die »Neue Zürcher Zeitung« schrieb: »Mit einem von der hohen Aufgabe inspirierten Ernst und mit der Entschlossenheit, ohne Pathos nach einem monumentalen Bildausdruck zu streben, baut Seewald die vom Anekdotischen und Kostümhaften gelösten Szenen aus wenigen Figuren auf . . . Die Vereinfachung des Figürlichen hat nichts Künstlerisches; sie ergibt sich aus dem Expressiven des konzentrierten Bildaufbaues. Eindrücke vom Leben in den Mittelmeerländern und auf den griechischen Inseln und die echte Freude an dem Menschenideal der antiken Plastik haben es dem Künstler erleichtert, Gestalten und Geschehnisse über das Illustrative hinauszuheben.«

Zitat aus der »Süddeutschen Zeitung«:

»Dem zeitlosen Charakter, der mit Recht angestrebt wurde, der gelungenen Absicht, eine gewisse knappe Großartigkeit zu erreichen, und der Lyrik oder Dramatik vieler Bilder gelingt es, die altbekannten biblischen Situationen sehr einprägsam neu und gültig zu formulieren.«

*Verkündigung
an die Hirten.
Bibelillustration*

*Jesus predigt
vom Schiffe aus.
Bibelillustration*

199

Aus dem »Trostbuch« JESAJA.
23 Aussprüche, zusammengestellt
und illustriert von Richard Seewald.
Christophorus-Verlag, Herder. 1969

Kap. 13, 19—21

Und Babel, dem Glanz der Königreiche,
der stolzen Zierde der Chaldäer,
wird es ergehen wie Sodom und Gomorra,
die Gott bis auf den Grund zerstörte.
Auf ewige Zeiten bleibt es unbewohnt,
unbesiedelt durch alle Geschlechter.

Kein Araber wird dort zelten,
kein Hirte wird dort lagern.
Nur Wüstentiere hausen dort,
und Eulen füllen die Häuser.
Strauße wohnen dort,
und Bocksgeister führen dort ihre Tänze auf.

200

Glasfenster »Der vierte Schöpfungstag«.
Gott schuf das Leuchten des Himmels und die Sterne,
zu scheiden den Tag von der Nacht

Glasfenster »Der fünfte Schöpfungstag«.
Gott schuf die Tiere des Meeres
und die Vögel am Himmel

Mosaik in der Marien-Nische.
Im Bogen Darstellungen aus der Lauretanischen Litanei.
St.-Adolfus-Kirche, Düsseldorf

202

Rundes Fenster, eine »Rose«, ein Rad. In seiner
Nabe erscheint das flammenspeiende Haupt der
großen Schlange. Darüber, zwischen den zwei
obersten Speichen, steht Sankt Michael und stößt
ihr das Schwert in den Rachen. Zwischen je
zwei weiteren Speichen steht jedesmal ein Engel,
in strahlendes Weiß gekleidet wie ihr Anführer,
und durchbohrt mit seiner Lanze einen rot-
glühenden Drachen

Die Glasfenster und Mosaiken für die
St.-Adolfus-Kirche schuf Richard Seewald in
den Jahren 1955—1958

Moses auf dem Berge Sinai   *Der Prophet Jonas*

GLASFENSTER IN DER HERZ-JESU-KIRCHE, MÜNCHEN-NEUHAUSEN

Auferweckung des Jünglings von Naim   *Jesus predigt auf dem See Genezareth*

Die erste Schöpfung.
Bibelillustration

Rechte Seite:
Blick in die Herz-Jesu-Kirche
mit den Glasfenstern (von rechts nach links):
Golgatha — Auferstehung — Pfingsten.
Völlig anders hat Seewald letzteres Thema
in seiner Bibelillustration (unten) behandelt.
Nie wiederholte er sich

Pfingstfest: Die Geistausgießung.
Bibelillustration

206

Aus dem »Kreuzweg« in der Herz-Jesu-Kirche. 14 Linolschnitte. 1952.
Blattgröße jeweils: 62,5 x 47,5 cm

208

DER GENESIS-ZYKLUS IM PFARRSAAL DER HERZ-JESU-KIRCHE

Fünf Fresken, Bildgröße jeweils: 2,33 x 3,70 m.
Begonnen und vollendet im Frühjahr 1976

Johannes sieht in seiner Vision das himmlische Jerusalem

Das Paradies

Richard Seewald sagte mir einmal: »Es gibt einige Städte, in denen man leben könnte: Rom, Paris, aber wahrscheinlich nur in München.« Und hierher kam er auch immer wieder im Winter aus seinem Haus am Lago Maggiore.

Man könnte sagen, Seewald war ein Bohemien, der arbeitete. Aber vielleicht ist es besser, wenn man sagt, er war ein Mensch, der gesucht und etwas gefunden hat: den Schatz im Acker, wie es im Evangelium heißt, oder die kostbare Perle, nämlich die Wahrheit des Christentums, verbunden mit der Liebe zu dieser Welt, mit der Liebe zu Europa, zu Griechenland, zum Mittelmeer. So wurde ihm das Leben zum Fest, das man mit Freunden feiert. Er hat viele Feste

gefeiert, und er hatte viele Freunde. Das war zu sehen, als wir ihn zu Grabe trugen.

Immer hat sich Richard Seewald seine Haltung, seinen Charakter, seine Richtung bewahrt. Er war keine Windfahne. Er malte religiöse Bilder, Bilder zur Bibel, als die Bischöfe noch gegen solche Bilder Sturm liefen. Und er malte sie weiter, als es in der katholischen Kirche, aber nicht nur in ihr, modern wurde, von der bilderlosen Kirche zu sprechen.

Er hat uns das Lesen und damit das Sehen wieder gelehrt. Seine christlichen Themen, ob in der Graphik, im Fresko oder in monumentalen Glasfenstern wie in unserer Herz-

Kain, als erster Architekt und Städtebauer

Jesu-Kirche in München, sind »Bilderbogen des lieben Gottes«, die auch jeder lesen kann.

Die wesentlichen Dinge im Leben kann man nicht erzwingen. Sie werden einem geschenkt. Und so war für jeden, der Richard Seewald kannte, die Begegnung mit ihm ein Geschenk. Für mich als Pfarrer im doppelten Sinn. Er malte 20 Glasfenster für unsere Herz-Jesu-Kirche mit Themen des Alten und Neuen Testamentes, und im Frühjahr 1976 vollendete er fünf große Fresken — er stieg noch selber auf das Gerüst. Der Zyklus beginnt mit dem Paradies. Ihm folgt Kain als erster Architekt und Städtebauer: Ninive, Sodom und Gomorrha und Babylon sind auf diesem Bild zu sehen.

Weitere Motive sind: Johannes, der in seiner Vision das himmlische Jerusalem sah — und die Prophezeiung des Isaias: »Der Lahme geht, der Blinde sieht, das Kind spielt mit der Schlange, und die Wüste bringt blühenden Krokus hervor.« Als Kraft und Verheißung aber hat Seewald das Kreuz als Baum gemalt, der Äste und Blätter treibt.

Für uns Christen ist das keine Utopie. Es war Seewalds Vertrauen, sein Glaube an Christus, der ihn bis ans Ende trug. Er hatte noch Farbe an den Händen, als ich ihn an seinem letzten Tag, in seinen letzten Stunden in der Münchner Klinik Josefinum besuchte.

Stadtpfarrer Fritz Betzwieser, München

Die Prophezeiung des Isaias

Kreuz als Baum, der Äste treibt. Mittelstück des Genesis-Zyklus

RICHARD SEEWALD

Seine Hinwendung zur Kirche, schon seit seinen Illustrationen zur Bibel spürbar geworden, setzte sich im Werk immer stärker durch. Er entwarf Glasfenster für Kirchen, malte Andachtsbilder in Kapellen, und was er von jetzt an zeichnete, schrieb, im Gespräch erörterte, galt zu großen Teilen der Glaubensergründung und der Berufung auf große Gestalten der Heiligen Geschichte; auch der Polemik gegen Abtrünnige wie Kaiser Friedrich II., den er in Wort und Bild (eine seiner letzten Publikationen) verdammte ...
Von den 87 Jahren seines Lebens galten 80 dem Erfassen der Lebensdinge durch das Mittel der Darstellung. Was er in dieser Zeit an Welt in sich hineingeholt und zum Bild gemacht hat, gleicht einem Planetarium im Maßstab eines Menschen. Das ist bleibend: Richard Seewald, ein Alleingänger seiner Überzeugung, ein Zeuge für viele.

Werner Helwig:
»Frankfurter Allgemeine Zeitung« vom 3. November 1976. Auszug

Angewandte Kunst

Links:
Teller aus dem fast hundertteiligen Robinson-Crusoe-Service
für die Staatliche Porzellanmanufaktur, Berlin. 1927

Unten:
Wandmalerei im Speisezimmer des Seewald-Hauses,
Rodenkirchen bei Köln. 1929.
Kaseinmalerei in Grisaille.
Wände zitronengelb, Leisten in Englischrot.
Nach dem Verkauf des Hauses im Jahr 1931 ließen die neuen
Besitzer die Malerei übertapezieren.
Nach dem Ankauf des Hauses von seiten der Stadt Köln
gelang es, die Fresken wieder freizulegen

Rechte Seite:
Zwei Fresken mit Landschaften vom Lago Maggiore
für den Ruheraum im Münchner Glaspalast. 1926.
Beide Fresken wurden durch den Glaspalastbrand
im Juni 1931 zerstört

Teatro Gioppino.
Aquarellierte Federzeichnung
für eine Marionettenbühne.
1969.
Bildgröße: 38 x 54 cm.
Privatbesitz

Unten:
Bühnenbild und Marionetten
für Seewalds ägyptische
Marionettenkomödie
»Der Stein der Weisen«. 1938

Südliche Phantasielandschaft. Tapisserie. Um 1932.
Bildgröße: 2,50 x 2,80 m.
Im Besitz des Altonaer Museums, Hamburg. Norddeutsches Landesmuseum

KORINTH

ICH WILL KENNTLICH MACHEN
DAS GESEGNETE KORINTH, DIE
VORHALLE / DES POSEIDON VOM
ISTHMOS, DAS JVNGLINGSSTOLZE·

PINDAR

218

Die Seewald-Fresken in den Arkaden des Münchner Hofgartens. 1961.
Fünfzehn Bilder in Grisaille, Umrahmung in Pompejanischrot.
Der Griechenland-Zyklus zeigt mit einer Küstenlandschaft, einem
Schiff und einem Pflanzenmotiv drei allgemeingehaltene Themen.
Ihnen folgen die Bilder: Athen, Olympia, Delphi, Ithaka, Korfu,

Zypern, Akrokorinth, Naxos, Korinth, Sunion, Ägina, Poros.
In hellen Feldern darunter stehen Zitate von Pindar, Ion, Homer,
Hölderlin, Nonnos und Sappho, die Richard Seewald ausgewählt hat.
Mit diesen Fresken ging ein Traum von ihm in Erfüllung,
fand seine Hingabe zur Antike ihre Krönung

1920

1976

Zeittafel

mit Auswahl wichtiger Reisen und Ausstellungen

1889 Geboren am 4. Mai in
Arnswalde/Neumark.

1909 Nach dem Abitur Studium der
Architektur an der Münchner
Technischen Hochschule. Aufgabe des Studiums. Lebt von
Karikaturen für die »Jugend«,
die »Meggendorfer Blätter« und
die »Lustigen Blätter«.

1910 Erste Reise nach Ascona.

1911 Erste Ausstellung in der Galerie
Thannhauser, München.
Teilnahme am
»Salon d'Automne«, Paris.
Heirat am 11. 11. in London.

1912 Erste Ölgemälde auf der Insel
Rab (Arbe) in Dalmatien.
Teilnahme am
»Salon d'Automne«, Paris.

1913 Teilnahme am ersten deutschen
Herbstsalon »Sturm« in Berlin.
Erste Kollektivausstellung im
»Neuen Kunstsalon« Dietzel,
München.
Mitglied der Münchner
»Neuen Sezession« und des
»Deutschen Künstlerbundes«.
Reisen nach Ascona und
Korsika.

1914 Reise nach Südfrankreich.

1916 Aufenthalt im Tessin.

1917/18 In München und Nieder-
bayern.

1920 Kollektive bei Julius Thannhauser, München.

1921 Erstes Buch »Tiere und Landschaften« mit eigenen Illustrationen.

1922 Reise nach Italien auf Einladung
des Fürsten Massimo.

1923/24 Reisen nach Sizilien und
Tunis.

1924 Berufung an die Kölner Werkschule.
Ankauf in Ronco sopra Ascona.

1929 Konversion zum Katholizismus.

1931 Aufgabe der Professur in Köln.
Erste Kirchenmalerei auf
Norderney.
Übersiedlung nach Ronco.

1934 Reise »zu den Grenzen des
Abendlandes«.

1939 Schweizer Staatsbürger.
Ausstellung in London.

1948 Erster Aufenthalt nach dem
Krieg in Deutschland (Köln).

1954 Ausstellung zum 65. Geburtstag
in Luzern, Düsseldorf, Mannheim und München.
Professur an der Münchner
Akademie der bildenden
Künste. Ständige Winter-
wohnung in München.

1957 Mitglied der Bayerischen
Akademie der schönen Künste.

1958 Niederlegung der Professur an
der Münchner Akademie.

1961 Ausmalung der Arkaden im
Münchner Hofgarten.

1967 Frau Uli Seewald stirbt
am 4. Mai.

1973 Ausstellung in der Galerie
Wolfgang Ketterer, München.

1974 Ausstellung »Kunst in der
Kirche« in der »Katholischen
Akademie in Bayern«,
München.

1976 »Genesis-Zyklus« im Pfarrsaal
der Herz-Jesu-Kirche, München.
Gestorben am 29. Oktober
in München.

ABBILDUNGSNACHWEIS

Die nachstehend aufgeführten Abbildungen
entnahmen wir, mit freundlicher Genehmigung des
Verlages Kunstgalerie Esslingen, dem Buch:
Ralph Jentsch, » Richard Seewald — Das Graphische Werk«,
Verlag Kunstgalerie Esslingen, Esslingen 1973.

Seite	Titel	Werknummer
45	Korsika	J H 8
47	Ludwigstraße (München)	J H 2
48	Tottenham Court Road (London)	J H 3
48	Varieté	J H 12
50	Bahnhof	J H 14
50	Jahrmarkt	J H 13
51	Aus Korsika (Fuhrwerk)	J H 17
51	Strand	J H 11
54	Hund und Schaf	J H 62
54	Rehkitz	J H 66
55	**Kuhstall**	J H 71
58	Das Rote Meer	J H 51
59	Segelbarken (Elba)	J H 109
60	Umschlag zum Katalog »Neue Kunst Hans Goltz«	J L 89
61	Den Wanderern	J L 100
62	Der Seiltänzer	J R 1
62	Katze	J R 34
63	Passau	J R 23
63	Junge auf dem Pferd	J R 15
64	Badende am Lago Maggiore	J R 43
65	Ronco	J R 19
65	Ochsengespann	J R 51
68	Eselreiter	J L 90

Beilage zu »Seewald – eine Werkauswahl«, Verlag Karl Thiemig,
München 1977.

Zeichnung aus dem
ORBIS PICTUS

Abbildungs-
verzeichnis

Würdigungen

Namenregister

*Seewalds Zimmer
auf Naxos*

Von Richard Seewald illustrierte Bücher

1. Hans Bötticher (Joachim Ringelnatz):
Die Schnupftabaksdose.
Mit 55 Federzeichnungen.
München, Piper, 1912.
2. Heinrich von Kleist: Penthesilea.
Mit 31 Lithographien.
40 + 200 Exemplare.
München, Goltz, 1917.
3. Francis Jammes: Der Hasenroman.
Mit 22 Lithographien und Initialen
(1. Fassung). 100 Vorzugsexemplare.
München, Kurt Wolff, 1918.
4. Daniel Defoe: Robinson Crusoe.
Mit 85 Federzeichnungen.
100 + 400 Exemplare.
München, Goltz, 1919.
5. P. Vergilii Maronis Bucolica.
Mit 30 Lithographien (1. Fassung).
300 Exemplare.
München, Georg Müller, 1919.
6. Christian Fürchtegott Gellert: Fabeln.
Mit 10 handkolorierten Holzschnitten
und 10 Holzschnittinitialen.
125 + 50 Exemplare.
Berlin, Fritz Gurlitt, 1920.
7. Hartmann von Aue: Der arme Heinrich.
Mit 4 kolorierten Lithographien.
Dachau, Einhorn, 1920.
8. Adalbert Stifter: Abdias.
Mit 12 Kaltnadelradierungen.
50 + 250 Exemplare.
München, Drei Masken Verlag, 1921.
9. Apollonius: Die Argonauten.
Nacherzählt von Gustav Schwab.
Mit 43 Lithographien.
100 + 200 Exemplare.
Berlin, Propyläen, 1923.
10. Kinderheimat. Schulfibel.
Mit farbigen Federzeichnungen.
Berlin, Propyläen, 1923.
11. P. Vergilius Maro: Bucolica.
Mit 20 Holzschnitten (2. Fassung).
120 + 600 Exemplare.
Berlin, Euphorion, 1923.
12. Josef und Maria Koch: Paradiesfibel.
Bilderbuch.
Mit 12 farbigen Federzeichnungen.
Essen, Fredebeul und Könen, 1926.
13. Margarethe Windthorst: Höhenwind.
Mit 57 Federzeichnungen.
Mönchengladbach, Volksvereinsverlag, 1926.
14. Jack London: Wenn die Natur ruft.
Mit 29 Federzeichnungen.
Berlin, Deutsche Buchgemeinschaft, 1927.
15. Hans Urs von Balthasar: Das christliche Jahr.
Mit 20 Federzeichnungen.
1400 Exemplare.
Luzern, Josef Stocker, 1944.

16. Werner Helwig: Gegenwind.
Mit 4 Federzeichnungen.
Zürich, Arche, 1947.
17. Raymond L. Bruckberger: Golden goat.
Mit 18 Kohlezeichnungen.
New York, Pantheon, 1952.
18. Francis Jammes: Der Hasenroman.
Mit 39 Federzeichnungen (2. Fassung).
Köln, Olten: Jakob Hegner, 1952.
19. Paul Gallico: Das kleine Wunder.
Hamburg, Marion von Schröder, 1952.
20. Paul Gallico: Pepino.
Mit 9 Federzeichnungen.
Hamburg, Marion von Schröder, 1952.
21. Vergil: Hirtengedichte.
Mit 40 Federzeichnungen (3. Fassung).
München, Kösel, 1953.
22. Edzard Schaper:
Das Christkind aus den großen Wäldern.
Mit 10 Federzeichnungen.
Köln, Olten: Jakob Hegner, 1954.
23. Hans Christian Andersen: Märchen.
Mit 106 Federzeichnungen.
Wien, Heidelberg: Carl Ueberreuter, 1955.
24. Jean Giono: In Italien, um glücklich zu sein.
Mit 6 Federzeichnungen.
München, Biederstein, 1955.
25. Francis Jammes:
Almaïde oder die Geschichte der
Leidenschaft eines jungen Mädchens.
Mit 13 Federzeichnungen.
Köln, Olten: Jakob Hegner, 1955.
26. Erich Kästner: Die dreizehn Monate.
Mit 28 Federzeichnungen.
Berlin, Cecilie Dressler, 1955.
27. C. S. Lewis: Die große Scheidung oder
Zwischen Himmel und Hölle.
Mit 11 Federzeichnungen.
Köln, Olten: Jakob Hegner, 1955.
28. Paul Gallico: Ludmila.
Mit 13 Federzeichnungen.
Hamburg, Marion von Schröder, 1957.
29. C. S. Lewis: Die Abenteuer im Wandschrank.
Mit 15 Zeichnungen.
Freiburg, Herder, 1957.
30. C. S. Lewis: Die geheimnisvolle Tür.
Mit 14 Zeichnungen.
Freiburg, Herder, 1957.
31. Reinhard Raffalt: Die Reise nach Neapel.
Mit 32 Federzeichnungen.
München, Prestel, 1957.
32. Edzard Schaper: Die Arche,
die Schiffbruch erlitt.
Mit 9 Federzeichnungen.
Köln, Olten: Jakob Hegner, 1957.
33. Edzard Schaper: Der große, offenbare Tag.
Mit 8 Federzeichnungen.
Köln, Olten: Jakob Hegner, 1957.

34. Bilderbibel.
100 Kreidezeichnungen mit Texten aus
dem Alten und Neuen Testament.
Freiburg, Herder, 1957;
in der Folgezeit Neuauflagen in
verschiedenen Textzusammenstellungen
und in Fremdsprachen.
35. Hans Bötticher (Joachim Ringelnatz):
Für kleine Wesen. Bilderbuch.
Mit farbigen Zeichnungen.
Esslingen, München: J. F. Schreiber, 1958.
36. Johann Wolfgang von Goethe:
Der Zauberlehrling. Bilderbuch.
Mit farbigen Zeichnungen.
Esslingen, München: J. F. Schreiber, 1958.
37. Francis Jammes: Der Hasenroman.
Das Paradies der Tiere.
Mit 38 (aus Nr. 18) und 15 Federzeichnungen.
Frankfurt am Main, Ullstein, 1958.
38. C. S. Lewis: Der Ritt nach Narnia.
Mit 14 Federzeichnungen.
Freiburg, Herder, 1958.
39. Edzard Schaper: Stern über der Grenze.
Mit 10 Federzeichnungen.
Köln, Olten: Jakob Hegner, 1958.
40. C. S. Lewis: Die unverhoffte Wiederkehr.
Mit 14 Zeichnungen.
Freiburg, Herder, 1959.
41. Bruce Marshall: Kätzchen und Katzen.
Mit 11 Federzeichnungen.
Köln, Olten: Jakob Hegner, 1959.
42. Heinz Schwitzke: Irrfahrt und Heimkehr.
Homers Odyssee
nach dem Text des Lagers 437.
Mit 28 Federzeichnungen.
Olten, Freiburg: Walter, 1960.
43. Hans Christian Andersen:
Des Kaisers neue Kleider. Bilderbuch.
Mit farbigen Zeichnungen.
Esslingen, J. F. Schreiber, 1961.
44. Gustav Schwab: Die schönsten Sagen
des klassischen Altertums.
Mit 73 Federzeichnungen.
Freiburg, Herder, 1961.
45. Die Bibel. Die Heilige Schrift
des Alten und Neuen Bundes.
Mit 84 Kreidezeichnungen.
Freiburg, Basel, Wien: Herder, 1965.
46. Rudolf Hagelstange: Ägäischer Sommer.
Mit 13 Federzeichnungen.
Hamburg, Hoffmann und Campe, 1968.

Eigene Bücher von Richard Seewald

1 Tiere und Landschaften.
Mit Bleistift- und Federzeichnungen.
60 Vorzugsexemplare.
Berlin, Fritz Gurlitt, 1921.

2 Reise nach Elba.
Mit 24 Bleistiftzeichnungen (1. Fassung).
Augsburg, Köln, Wien: Benno Filser, 1921.

3 Frutti di Mare.
Mit 108 Federzeichnungen.
Berlin, Volksverband der Bücherfreunde, 1933.

4 Das ist des Pudels Kern.
Mit 20 Federzeichnungen (1. Fassung).
Essen, Fredebeul und Könen, 1934.

5 Robinson, der Sohn Robinsons,
oder Die vier Jahreszeiten.
Mit 53 Federzeichnungen.
München, J. Kösel und F. Pustet, 1935;
F. Ehrenwirth, 1949 (unter dem Titel
»Traumreise«).

6 Zu den Grenzen des Abendlandes.
Mit 165 Federzeichnungen.
München, Manz, 1936;
Olten, Otto Walter, 1948;
Köln, Jakob Hegner, 1957.

7 Gestehe, daß ich glücklich bin.
Mit 49 Federzeichnungen.
Bern-Bümpliz, Albert Züst, 1942.

8 Verwandlungen der Tiere.
Mit 24 Federzeichnungen.
Zürich, Atlantis, 1943;
Köln, Olten: Jakob Hegner, 1958
(mit teilweise neuen Zeichnungen).

9 London.
Mit 52 Federzeichnungen.
Zürich, Werner Classen, 1945.

10 An die Dinge dieser Welt. Oden.
Mit 8 Federzeichnungen.
Zürich, Thomas, 1947.

11 Symbole.
Mit 61 Kreidezeichnungen.
Luzern, Rex-Verlag, 1947.

12 Über die Malerei und das Schöne.
Mit 35 Federzeichnungen.
Luzern, Rex-Verlag, 1947.

13 Petrus. Das Leben eines Fischers.
Mit 15 Federzeichnungen.
200 + 1800 Exemplare.
Olten, Freiburg: Otto Walter, 1952.

14 Das ist des Pudels Kern.
Mit 30 Federzeichnungen (2. Fassung).
München, Kösel, 1954.

15 Glanz des Mittelmeeres.
Mit 39 Federzeichnungen.
Feldafing, Buchheim, 1956.

16 Die rollende Kugel. Roman.
Köln, Olten: Jakob Hegner, 1957.

17 Giotto.
Köln, Olten: Jakob Hegner, 1957.

18 Das griechische Inselbuch.
Mit 95 Federzeichnungen.
Köln, Olten: Jakob Hegner, 1958;
München, Deutscher Taschenbuch Verlag,
1966.

19 Ostern auf Poros.
Mit 22 Federzeichnungen aus Nr. 18.
Köln, Olten: Jakob Hegner, 1958.

20 Sternenkomödie.
Mit 6 Federzeichnungen.
Köln, Olten: Jakob Hegner, 1959.

21 Aufs Wasser geschrieben.
Skizzenbuch mit 48 Federzeichnungen
und einem Vorwort.
Feldafing, Buchheim, 1959.

22 Der Mann, der ein Snob war. Roman.
Köln, Olten: Jakob Hegner, 1959.

23 Der Raub der Europa.
Mit 6 Federzeichnungen.
Köln, Olten: Jakob Hegner, 1960.

24 Das toskanische Hügelbuch.
Mit 68 Federzeichnungen.
Köln, Olten: Jakob Hegner, 1960.

25 Im Anfang war Griechenland.
Mit 75 Federzeichnungen.
Köln, Olten: Jakob Hegner, 1961.

26 Das Geheimnis des Steins.
Mit 6 Federzeichnungen.
Köln, Olten: Jakob Hegner, 1961.

27 Das Herz Hollands.
Mit 48 Federzeichnungen.
Köln, Olten: Jakob Hegner, 1962.

28 Der Mann von gegenüber.
Spiegelbild meines Lebens.
Mit 15 Zeichnungen.
München, List, 1963.

29 Zufälle — Einfälle.
Mit 37 Federzeichnungen.
Köln, Olten: Jakob Hegner, 1966.

30 Kunst in der Kirche.
Freiburg, Herder, 1966.

31 Die Entdeckung der Insel Elba.
Mit 44 Federzeichnungen
(2. Fassung).
Köln, Olten: Jakob Hegner, 1967.

32 Jesaja.
Mit 23 Federzeichnungen.
800 + 200 Exemplare.
Freiburg, Christophorus-Verlag, 1969.

33 Neumond über meinem Garten.
Mit 51 Federzeichnungen.
Freiburg, Herder, 1970.

34 Reise nach rückwärts. Das Herz der Polis.
Mit 21 Zeichnungen.
München, Callwey, 1972;
2. Auflage 1974
(Reihe der Bayerischen Akademie
der Schönen Künste).

35 Römische Figuren.
Mit 66 Zeichnungen.
Freiburg, Herder, 1972.
Vorzugsausgabe (200 Exemplare)
numeriert und signiert.
Außerdem Mappe mit 10 doppelseitigen
Zeichnungen im Format 37 x 32 cm.

36 Stupor Mundi. 13 Allegorien
zum Leben des Staufers Friedrich II.
Memmingen, Dietrich, 1974.

37 Orbis Pictus. 17 Allegorien
der sichtbaren Welt.
Memmingen, Dietrich, 1975.

38 Alexander der Große, der mythische Held.
18 Allegorien.
Memmingen, Dietrich, 1977.

39 Die Zeit befiehlt's, wir sind ihr untertan.
Lebenserinnerungen.
Freiburg, Herder, 1977.

Öffentlich zugängliche Werke

In der Urkunde der »Richard und Uli Seewald-Stiftung« hat der Stifter verfügt, daß eine repräsentative Auswahl seines Werkes sowie seiner eigenen Kunstsammlung in Ascona/Tessin ständig der Öffentlichkeit zugänglich sein soll.

Unter anderem werden nachstehende Gemälde zu sehen sein:

Varieté, 1912; Café des Amis, 1913; Stilleben mit Tabakpaketen, 1915; Der träumende Knabe, 1922; Fontana Martina, 1924; Der alte Baum, 1929; Der Dichter, 1943; Berg über dem Meer, 1968; Peperoni, 1970; Das Fenster, 1973; Kredenztisch, 1973; Die Uhr, 1973. (Sie alle sind in dem vorliegenden Kunstband abgebildet.)

Weitere zugängliche Werke:

Salamander, handkolorierter Holzschnitt, 1912.
Bar in Cassis, handkolorierter Holzschnitt, 1914.
Beide: Städtische Galerie im Lenbachhaus, München.
Katze mit Salamander, Gemälde, 1933. Im Wallraf-Richartz-Museum und Museum Ludwig, Köln.
Frühlingslandschaft (Toskana), Gemälde, 1953. Stiftung Pommern, Kiel, Schloß Rantzaubbau.
Karneval (Köln), Tempera, 1926.
Kölner Kinderkarneval, Lithographie, 1930.
Beide: Rheinisches Landesmuseum Bonn.

Werke in Kirchen (Auswahl):

Kirche Stella maris, Norderney, 1931.
Kirche Maria Lourdes, Zürich-Seebach, 1942.
Guthirtkirche, Aarburg/Schweiz, 1944.
Friedhofkapelle, Döttingen/Schweiz, 1945.
Theresienkirche, Zürich-Friesenberg, 1946.
Kirche San Carlo, Magadino/Schweiz, 1948.
Kirche San Martino, Ronco/Schweiz, 1949.
Pfarrkirche, Wiler/Schweiz (Malerei und Fenster), 1952.
Kapelle im Bezirksspital, Visp/Schweiz (Malerei und Fenster), 1953.
Bruder-Klaus-Kirche, Niedergailbach/Saar, 1954.
Collegium Borromäum, Freiburg i. Br. (Malerei und Gobelins), 1956.
St.-Adolfus-Kirche, Düsseldorf, 1955—1958.
Pfarrkirche, Gaggenau/Baden (Apsismosaik), 1959.
Christusgobelin für Fronleichnamsaltar, Freiburg i. Br., 1964.
Pfarrkirche, Brigels/Schweiz (Kreuzwegfenster), 1965.
Herz-Jesu-Kirche, München (Kreuzweg), 1952.
Herz-Jesu-Kirche, München (Fenster), 1967—1968.
St. Theodul, Sion (Fenster), 1970—1971.
Pfarrsaal der Herz-Jesu-Kirche, München (Fresken), 1976.

Angewandte Kunst:

Freigelegte Wandmalerei von 1929 im ehem. Seewald-Haus, Rhodenkirchen, bei Köln.
Südliche Phantasielandschaft, Tapisserie, um 1932.
Altonaer Museum, Hamburg, Norddeutsches Landesmuseum.
Fayencedekoration, 1955. In der Schule in Staufen/Baden.
Wanddekorationen, 1957. Gürzenich, Köln.
Griechische Fresken unter den Hofgarten-Arkaden in München, 1961.

Bildnachweis

Die Klischees auf den angeführten Seiten verdanken wir
der Liebenswürdigkeit der nachstehend genannten Verlage
und Leihgeber:
191, 196. Katholische Akademie in Bayern, München.
201, 202, 203. Christophorus-Herder.
208 (oben) Pfarrei Herz-Jesu-Kirche, München.
Seewald-Porträts: 8, 40, 220. Günter v. Voithenberg, München.

Blaues Schiff. Gouache